瓜飯樓外集　第一卷

瓜飯樓藏文物録

上

馮其庸　藏録編著

商務印書館

二〇一九年・北京

圖書在版編目(CIP)數據

瓜飯樓藏文物録. 上/馮其庸藏録編著. —北京:
商務印書館, 2019
(瓜飯樓外集)
ISBN 978-7-100-17185-4

Ⅰ. ①瓜… Ⅱ. ①馮… Ⅲ. ①文物—中國—戰國
時代—唐代—圖録 Ⅳ. ①K870.2

中國版本圖書館CIP數據核字(2019)第046738號

攝　　影:汪大剛　甘永潔
版式設計:姚偉延　張晶晶

瓜飯樓外集
第一卷
瓜飯樓藏文物録
(上)
馮其庸　藏録編著

商務印書館出版
(北京王府井大街36號　郵政編碼100710)
商務印書館發行
北京雅昌藝術印刷有限公司印刷
ISBN 978-7-100-17185-4

2019年6月第1版　開本635×965　1/8
2019年6月北京第1次印刷　印張30
定價:449.00元

瓜飯樓外集

[illegible]中百歲

题签 姚奠中

瓜飯樓外集

顧　問　謝辰生　鄭欣淼　王炳華　王文章

主　編　馮其庸

助　編　高海英

《瓜飯樓外集》總序

我剛出了《瓜飯樓叢稿》，現在又着手編《瓜飯樓外集》，其原因是我的研究方法和研究習慣，都是先從調查每一個專題的歷史資料開始的，如我在講中國文學史的時候，就思考中國原始文化的形成和綜合的過程，因此我調查了全國各地重要的新石器時代文化遺址以及若干先秦、漢、唐時代的文化遺址，在調查中，獲得了不少原始文化資料。一九六四年八月，我隨人民大學的『四清』工作隊到陝西長安縣參加『四清』工作，我被分派在長安縣南堡寨，想不到在那裏我與周宏興同志一起，發現了一個規模極大的原始文化遺址（方圓十多華里左右），采集到大量的原始陶器、骨器等等，之後我們報告了陝西省考古所，也寫了一份考古報告，報告直到『文革』結束後纔在《考古》雜誌上發表，編輯部的人説由非考古人員寫的一份合格的考古報告，這還是第一次。我們帶回的實物，蘇秉琦、郭沫若等專家都看過并認同了。由於愛好，我也從各地的文物市場獲得一些與我的研究課題有關的資料。我的不少原始陶器和彩陶，周、秦、漢、唐的瓦當、陶俑等，就是這樣逐漸積累起來的。

我在考察中國佛教造像時，也陸續獲得了一批從北魏到唐宋的石刻造像和金銅造像。我爲什麽會重視并喜愛這些造像呢？我讀高一時，美術老師給我們講西洋雕塑怎麽怎麽好，怎麽怎麽偉大，我就奇怪中國爲什麽没有雕塑，後來我到了敦煌、麥積山、炳靈寺、雲崗、龍門，我纔知道我們中國的雕塑如此輝煌，更後來秦始皇陵兵馬俑被發現了，這是震驚世界的發現，它證明我們的雕塑不僅豐富偉大，而且遠遠早於西方，我認爲我們的美術史家應該寫出一部新的中國雕塑史來，因此我想力所能及地爲他們搜集一些散落的資料，而且我也真是搜集到了一些，這就是收在這部外集裏的石刻造像和金銅佛像。

我從小就喜歡刻印，因此一直留心這方面的實物，在『文革』中，在地安門的一家文物商店裏，就先後買到了陳曼生、楊龍石等人的印章，我從各地買到的戰國到秦漢的印章約有六十多枚，我還在新疆和田買到了幾方西部的印章。由於我特別喜歡篆刻，所以篆刻界的前輩和朋友，也都不斷爲我治印，因此我還積累了一批現當代名家的刻印。

我還重視古代的石刻墓誌，因爲這是歷史書籍以外的史料，即使是這個人在史書中有所記載，也未必會有這個人的墓誌詳細。古人往往將墓誌稱爲『諛墓文』，意思是説墓誌上總是説好話贊揚的多，這種説法也不是没有道理。但是要區別清楚，一般説好話都是贊揚性的空話居多，如要考證這個人的實際官職之類的歷史事實，墓誌也不至于虚構編造，所以我比較重視墓誌，先後得到了一批重要的墓誌銘，其中特别是一件九十四厘米見方的唐狄仁傑族孫的墓誌銘，尤爲難得。此外還得到一批民間各式各樣的墓誌，使我們對墓誌的瞭解大大豐富了。

『文革』期間，一九七二年，我家鄉挖河，挖出來一個墓葬，墓是明代正德九年的，屍體和衣服完全未腐爛，但發現腦袋是被砍的，死者胸前掛一個黄布口袋，口袋裏裝一份文書，我侄子馮有責把它寄給了我，原來是一份皇帝的『罪己詔』。

我將此詔送給故宫博物院，結果故宫博物院的兩派正在武鬥，無人管這件事，又拿了回來，我仍舊保存着。前些年終于無償地捐贈給第一歷史檔案館了。據檔案館的朋友告訴我，皇帝的『罪己詔』實物，全國只此一件。

一九七三年，我家鄉又挖出來一批青銅器，最大的一件銅鑒，有長篇銘文，還有二件銅豆也有同樣的銘文，還有二件無銘文。後來我的侄子馮有責告訴了我，并用鉛筆拓了幾個銘文給我看，我初步看出是楚鑒，銘文也大體能識，我即拿到故宫去找唐蘭先生，唐先生是我老師王蘧常先生的同學好友，我一九五四年剛到北京時，由王蘧常老師作書介紹，第一個就是拜見他，以後也一直有聯繫。唐老看到了我拿去的銘文粗拓件，也肯定是楚器，并囑我想法把它拿到北京來。這事被耽擱了一段時間，最後拿到北京時，唐老已不幸去世了。事後不少專家研究了這個銅鑒，是戰國春申君的故物，根據銘文命名爲『鄴陵君鑒』。那時還在『文革』後期，我怕被紅衛兵來砸掉，就告訴南京博物院的姚遷院長。姚院長十分重視，除親自來看過外，還專門派了三個人來取。還一定要付給我錢，我堅決辭謝了，我説我是無償地捐獻給祖國，只要您給我一個收條，我好向家鄉交待。姚院長終于接受了我的意見。現在這批青銅器（共五件）一直被珍藏在南京博物院。

我還喜歡瓷器，也陸續收集積累了一些，但我收集的是民窑，我欣賞民間藝術，民窑也是民間藝術的一種。我在朋友的幫助下，陸續收集到了一批青花瓷，其中明青花最多。我把民間青花上的紋飾，比作是文人隨意的行書和草書，其行雲流水之意和具象與抽象交合的意趣是官窑所没有的。

我還特别喜歡紫砂器物，二十世紀五十年代初，宜興紫砂廠在無錫有一個出售紫砂壺的店面，那時顧景洲先生常來，我就是在那裏認識他的。之後我常到宜興去看顧老（那時他纔四十多歲，我還不到三十歲），因此認識了高海庚、周桂珍、徐秀棠、汪寅仙、蔣蓉等紫砂大師，我還常給他們在壺上題字，我到北京後，顧老和高海庚也常到北京來，只要他們來，就會來看我。這樣我也陸續收藏了一批紫砂壺，也在文物商店買到過陳曼生等的一些老壺，當時都由顧景洲老爲我鑒定。現在連同他們送給我的茶壺也一并收入本集。

我最早認識明式家具的藝術價值，是受老友陳從周兄的影響，我倆都是王蘧常先生的學生，他比我年長，他是古典園林專家，又是書畫家，他特别重視明式家具，爲此他還爲美國大都會博物館設計了一座『明園』，從建築材料到家具陳設和園中的假山，全都是明代的，連題字也是用的明代書畫家文徵明的字，我一九八一年去美國講學時還專門去看過，所以我對明式家具的理解和愛好，最早是受從周兄的影響。

之後，我又認識了王世襄先生，記得在『文革』前和『文革』中，他常提着一個小包到張自忠路我宿舍旁的張正宇先生家來，張正宇先生是工藝美術大師，可以説是無所不通。尤其是他的書法真是出神入化，既傳統而又創新。王世襄先生也常常拿着他的書法來向張老請教。而王老對於明式家具的收藏和研究，在當時是無出其右的。我到王老家去，看到他屋裏堆滿了明式家具，連自己住的地方都没有，往往就睡在舊家具上。我於自然之間，也就受到了他的影響，後來又獲交陳增弼先生，他也是明式家具的專家、收藏者和研究者。二十世紀七十年代我去揚州調查有關曹雪芹祖父曹寅的事，碰巧揚州發掘廣陵王墓，其外槨全是西漢的金絲楠木，每塊長五米有餘，寬有一米多，厚約四十厘米，而且一面是鮮紅的紅漆，一面是黑漆。當時政府就用這些木板作爲民工的工錢發給老百姓，老百姓拿來出售，我就買了一批，後來朋友幫我運到了北京，一擱就是十幾二十年。有一次偶然被陳增弼兄看到了，他大爲稱贊這批木料，説由他來設計一套明式家具，用這批金絲楠木來做，那會舉世無雙。不幸陳兄突患癌症去世了，但這個計劃卻由他的高足苑金章繼承下來了。苑金章兄親自設計并帶領一批人製作，一晃至今已五年有餘，共成三十六件。我看了真是眼花繚亂，原來一塊塊塵土滿身的木板，不想做成家具後，式樣典雅大氣，而且金光閃閃，異香滿室，真讓我看了覺得心曠神怡。

在這部《瓜飯樓外集》裏，我還收了《瓜飯樓藏王蘧常書信集》一卷，和《瓜飯樓師友録》三卷。王蘧常先生和錢仲聯先生都是我的終身老師。王先生的章草，是舉世無雙的，日本人説『古有王羲之，今有王蘧常』。他給我的信很多，特别是他九十歲那年，特意爲我寫了十八封信，名曰《十八帖》。没有想到我到上海去拜領了這部《十八帖》後回到北京，只過了五天，他就突然仙逝了。所以這部《十八帖》也就成了他的絶筆。現將這部《十八帖》和他給我的書信、書法單獨結成一集。

錢仲聯先生也是我的終身老師，從一九四六年拜他爲師後，向他問學一直未間斷，他去世前不久，還寫了一首七百字的長詩贈我。寫完這首詩，他喘口氣説：『現在我再也没有牽掛了！』現把他給我的信一并收在《瓜飯樓師友録》裏。《瓜飯樓師友録》裏還有許多前輩和同輩的信，如蘇局仙、郭沫若、謝無量、唐蘭、劉海粟、朱屺瞻、季羡林、任繼愈先生等等。年紀小的學生一輩以下的信因爲篇幅所限，無法盡收，十分遺憾。

這部集子裏，我還收了我的兩部攝影集，一部是玄奘取經之路的專題，另一部是大西部的歷史文化風光的攝影。我前後去陝西、甘肅、寧夏、新疆等地十多次，登帕米爾高原三次，穿越塔克拉瑪干大沙漠二次，入羅布泊、樓蘭、龍城、白龍堆、三隴沙一次。最後一次，在大沙漠中共十七天，既考明了玄奘往返印度取經的國内路綫，也飽賞了帕米爾高原和羅布泊、樓蘭、龍城、白龍堆等大漠的風光，而且我把這些經歷都攝入了鏡頭，這既是我的重要實地調查記録，也是世所罕見的西域風光的實録。

我從小就喜歡書法和繪畫，一直是自學。一九四三年在無錫城裏意外遇見了大畫家諸健秋先生，他十分稱贊我的習作山水，要我到他的畫室去看他作畫，他説『看就是學』。這樣，我就在他的畫室裏前後看了一年，但我上完高一就又失學了，離開了無錫也就看不到諸老作畫了。但諸老的教導我一直默記在心。平時因事忙，我只作一些花卉之類的簡筆，書法的學習則是從小學到高中一直到後來上無錫國專都未間斷。日後也不斷作書法。一九九六年我離休以後，有了時間，就開始認真地作山水，而且我一直喜歡宋元畫，所以也用功臨摹宋元畫。但令我最爲動心的大西部山水，尤其是古龜茲國（庫車）的山水，我則另創別法，用重彩乾筆來表現。我先後開過多次書畫展，出過多次畫册。現在我把這些作品，包括近幾年來的新作和書法，一并編入本集，也算是我在文章以外的另一類學術與藝術的綜合。也許，將這個『外集』和『内集』（《瓜飯樓叢稿》）合起來看，可以看到我在學術和藝術方面比較完整的一個基本面貌，也可以看到我畢生的全部興趣所至。但是我要説明，我不是文物收藏家，我收藏這些東西都是爲了研究，當然也是由於愛好。因爲我收集這些東西主要是爲了學術研究，所以我收集的東西并不一定都有很高的文物價值和經濟價值，但是它卻有珍貴的史料價值和認識價值。例如在討論新出土的『曹雪芹墓石』時，否定的一派認爲墓誌銘都有一定的規格，多大多小都有規定。這聽起來好像有道理，實際上這是混淆事實。墓誌銘的官方規定，雖有其事，但卻只限於做官的，對一般普通老百姓，有誰來管你這些事？曹雪芹抄家後早已淪爲一介貧民，死時連棺材都没有，還有誰來按什麽規格來刻墓誌銘？這不過是一塊普通的未經細加工的毛石，鑿『曹公諱霑墓』『壬午』幾個字，只是用作標誌而已。爲了證實普通老百姓的墓誌銘是各式各樣的，將我收到的，如有的是陶盤的墓誌銘、有的是瓷器盤子做的墓誌銘，有青花瓷的墓誌銘，有一塊只有一本普通書本大小的青花釉裏紅墓誌銘，有兩塊磚刻的四方的墓誌銘，還有一塊用朱筆寫在磚上的墓誌銘，都收在我的書裏。它不一定有多大的經濟價值，但它卻有珍貴的認識價值和歷史價值。

不論是文章也好，還是藝術也好，還有其他也好，我覺得人的追求是永無止境的。古人説『學無止境』，確實如此。這也就是説，無論你是寫文章作學問也好，無論你是創作藝術也好，還是追尋歷史，進行考古也好，始終都是『無止境』的。因此，人永遠在征途中，永遠在追求中，千萬不可有自我滿足的感覺。『自滿』也就是『自止』。人到了自止，也就是停止了。我喜歡永遠讓自己在征途中，在學問的探索中，在藝術的創意中！杜甫説：『大哉乾坤内，吾道長悠悠！』杜甫説得多好啊！

二〇一三年四月四日，農曆癸巳清明節晚十時于瓜飯樓，時年九十又一

凡例

一、本書所收各類藏品，均係編者個人所藏。

二、本書所收鄴陵君鑒等五件藏品，已無償捐贈給南京博物院，正德《罪己詔》已無償捐贈給第一歷史檔案館。現所用圖片，爲以上兩家攝贈。

三、本書所收古代碑刻拓片、墓誌等，均有録文，并加標點，録文一般采用通行繁體字，但碑上的俗寫字，一律采用原字。

四、本書所收古印，最具特色的是新疆和田的古代動物形象印，爲稀見之品。

五、本書所收墓誌銘，除官方的墓誌外，還收了一部分民間墓誌，以示兩者的區别。民間墓誌無官方規定，各式各樣，有青花瓷特小的墓誌，有陶盤墓誌，有瓷碗墓誌，還有磚質硃書墓誌等，且各具地方特色。

六、本書所收師友書信，時間限於藏主同輩。藏主的學生和年輕友人的書信，限於篇幅，未能收入。

七、本書各卷，專題性强，故特邀各項專家任特邀編輯，以使本書得到更好的編録。

八、本書所收藏品，除藏主的書畫外，以前均未結集出版。

寬堂謹訂

二〇一五年九月十五日

《瓜飯樓外集》總目

一　瓜飯樓藏文物録　上
二　瓜飯樓藏文物録　下
三　瓜飯樓藏印
四　瓜飯樓藏墓誌
五　瓜飯樓藏漢金絲楠明式傢具
六　瓜飯樓藏明青花瓷
七　瓜飯樓藏紫砂壺
八　瓜飯樓師友録　上
九　瓜飯樓師友録　中
一〇　瓜飯樓師友録　下
一一　瓜飯樓藏王蘧常書信集
一二　瓜飯樓攝玄奘取經之路
一三　瓜飯樓攝西域録
一四　瓜飯樓書畫集
一五　瓜飯樓山水畫集

目録

自序……一

舊石器　新石器

001　舊石器　石斧……七
002　新石器　玉斧……八
003　新石器　石鑿……九
004　新石器　石斧（殘）……一〇
005　新石器　石斧……一一
006　新石器　石鑿（殘）……一二
007　新石器　石斧……一三
008　新石器　石鏟……一四
009　新石器　鹿角化石……一五
附　陝西長安縣王曲地區新石器時代遺址調查……一六

新石器時代至戰國素陶

010　新石器　仰韶文化　紅陶碗（殘）……二三
011　新石器　龍山文化　灰陶罐……二四
012　新石器　龍山文化　大陶鬲……二五
013　新石器　紅夾砂陶罐……二六
014　新石器　紅夾砂陶罐……二七
015　新石器　灰陶盤……二八
016　新石器　黑陶罐……二九
017　新石器　龍山文化　黑陶鬲……三〇
018　新石器　山東大汶口　陶鬶……三一
019　新石器　山東大汶口　陶鬶……三二
020　新石器　山東大汶口　花口陶鬶……三三
021　新石器　山東大汶口　陶鬶……三四
022　新石器　山東大汶口　陶鬶……三五
023　新石器晚期　龍山文化　白蛋殼陶齒口雙耳杯……三六

024 新石器晚期 龍山文化 黑陶杯……三七
025 新石器晚期 龍山文化 黑陶器殘件……三八
026 新石器 齊家文化 甘肅臨夏 雙大耳陶罐……三九
027 新石器 龍山文化 黑單耳繩紋陶罐……四〇
028 新石器 齊家文化 雙大耳罐……四一
029 戰國 燕 猪形陶水管……四二
030 戰國 燕 龍形陶水管……四三

新石器時代彩陶

031 新石器 仰韶文化 廟底溝類型 彩陶盆殘片……四七
032 新石器 辛店文化 雙耳罐……四八
033 新石器 辛店文化 雙繫罐……四九
034 新石器 齊家文化 馬廠型 單耳罐……五〇
035 新石器 馬家窑文化 馬廠型 幾何紋雙耳罐……五一
036 新石器 馬家窑文化 馬廠型 雙耳罐……五二
037 新石器 常山下層文化 單耳罐……五三
038 新石器 馬家窑文化 馬廠型 典型半山型 雙耳罐……五四
039 新石器 馬家窑文化 馬廠型 雙耳罐……五五
040 新石器 紅陶單耳罐……五六
041 新石器 馬家窑文化 馬廠型 雙耳罐……五七
042 新石器 馬家窑文化 半山型 雙耳罐……五八
043 新石器 馬家窑文化早期 半山型 内彩陶盆……五九
044 新石器 馬家窑文化 半山型 網紋雙耳罐……六〇
045 新石器 馬家窑文化 半山型 鳥型壺……六一
046 新石器 馬家窑文化 馬廠型 雙耳罐……六二
047 新石器 馬家窑文化 馬廠型 菱形網紋雙耳罐……六三
048 新石器 馬家窑文化 馬廠型 菱形網紋雙耳罐……六四
049 新石器 馬家窑文化 馬廠型 八圓圈網紋雙耳罐……六五
050 新石器 馬家窑文化 馬廠型 三重波折紋單耳杯……六六
051 新石器 馬家窑文化 半山型 水波網紋雙耳壺……六七
052 新石器 馬家窑文化 馬廠型 菱形網紋雙耳罐……六八
053 新石器 辛店文化 雙耳罐……六九
054 新石器 山東大汶口文化 單耳陶罐……七〇
055 新石器 馬家窑文化 馬廠型 雙耳陶罐……七一
056 新石器 單耳陶罐……七二
057 新石器 馬家窑文化 馬廠型 半山型 雙耳彩繪壺……七三

商至戰國印紋陶

058 商至周 布紋灰陶罐……七七
059 戰國 米字紋陶罐……七八

戰國至漢代青銅器

060 戰國 楚 郟陵君王子申青銅鑒 …… 八一
061 戰國 楚 郟陵君王子申青銅豆形燈 一 …… 八三
062 戰國 楚 郟陵君王子申青銅豆形燈 二 …… 八六
063 三件青銅器銘文釋文 …… 八九
064 戰國 楚 青銅洗 …… 九一
065 戰國 楚 青銅匜 …… 九二
066 戰國 秦 青銅 有胡直內戈 …… 九三
067 戰國 青銅 扁莖鈹 …… 九四
068 戰國 青銅 矛 …… 九六
069 戰國 青銅 矛 …… 九七
070 西漢 青銅 永始乘輿鼎 …… 九八

戰國漢唐瓦當

071 戰國 燕 雙龍背項饕餮紋大瓦當 …… 一〇三
072 戰國 燕 卷雲饕餮紋半瓦當 …… 一〇五
073 戰國 燕 卷雲饕餮紋半瓦當 …… 一〇六
074 戰國 燕 有『宫』字的雙龍饕餮紋半瓦當 …… 一〇七
075 戰國 燕 卷雲饕餮紋半瓦當 …… 一〇八
076 戰國 燕 雙龍饕餮紋半瓦當 …… 一〇九
077 戰國 燕 雙龍饕餮紋半瓦當 …… 一一〇
078 戰國 燕 雙龍背項饕餮紋半瓦當 …… 一一一
079 戰國 燕 饕餮紋瓦當範 …… 一一二
080 戰國 燕 獸紋瓦當範 …… 一一三
081 戰國 燕 雙龍背項饕餮紋瓦當範 …… 一一四
082 戰國 燕 乳釘山珠花卉饕餮紋半瓦當 …… 一一六
083 戰國 山形紋板瓦 …… 一一七
084 戰國 齊 雙獸紋半瓦當 …… 一一八
085 戰國 齊 雙鹿雙虎紋半瓦當 …… 一一九
086 戰國 齊 雙鳥紋半瓦當 …… 一二〇
087 戰國 齊 鶴食魚紋半瓦當 …… 一二一
088 戰國 齊 雙鶴食魚紋半瓦當 …… 一二二
089 戰國 齊 瑞獸魚紋半瓦當 …… 一二三
090 戰國 齊 四獸紋半瓦當 …… 一二四
091 戰國 齊 雙獸樹木紋半瓦當 …… 一二五
092 戰國 齊 雙獸樹木紋半瓦當 …… 一二六
093 戰國 齊 雙羊樹木紋半瓦當 …… 一二七
094 戰國 齊 雙獸紋半瓦當 …… 一二八
095 戰國 齊 雙鹿樹木紋半瓦當 …… 一二九
096 戰國 齊 雙鹿樹木紋半瓦當 …… 一三〇
097 戰國 齊 樹木紋半瓦當 …… 一三一

098 戰國　齊　樹木箭頭紋半瓦當……一三二
099 戰國　齊　樹木箭頭乳釘紋半瓦當……一三三
100 戰國　齊　樹木箭頭乳釘紋半瓦當……一三四
101 戰國　齊　樹木箭頭乳釘紋半瓦當……一三五
102 戰國　陶饕餮面……一三六
103 西漢　『漢并天下』瓦當……一三七
104 西漢　『上林』瓦當……一三八
105 西漢　『上林』瓦當……一三九
106 西漢　『長生未央』瓦當……一四〇
107 西漢　『長久樂哉冢』瓦當……一四一
108 西漢　『長生無極』瓦當……一四二
109 西漢　『長生未央』瓦當……一四三
110 西漢　『與天無極』瓦當……一四四
111 西漢　『長樂未央』瓦當……一四五
112 西漢　四神瓦當——朱雀……一四六
113 四鹿紋瓦當……一四七
114 漢　蓮花紋瓦當……一四八
115 北朝　蓮紋瓦當……一四九
116 北魏　獸面紋瓦當……一五〇
117 北魏　『富貴萬歲』瓦當……一五一
118 唐　蓮花紋瓦當……一五二
119 唐　蓮花紋瓦當……一五三
120 唐　蓮花紋瓦當……一五四
121 西漢　梁園殘瓦……一五五
122 西漢　梁孝王劉武墓殘甓……一五六
123 西漢　楚襄王劉注墓殘甓……一五七

漢魏晋南北朝磚

124 西漢　回文磚……一六一
125 西漢　回文磚（殘）……一六二
126 西漢　『壽萬歲』磚……一六三
127 東漢　吉語磚——長壽安樂、富昌……一六四
128 東漢　祥瑞圖畫像磚——應龍、勝枚、鳳凰、鹿紋……一六六
129 東漢　莊園圖磚……一六七
130 東漢　『萬歲建初元年』磚……一六八
131 東漢　『閔故人先葬無世末吉』磚……一七〇
132 東漢　『永元六年』磚……一七一
133 東漢　『永元八年』磚……一七二
134 東漢　『永初四年校官』磚……一七三
135 東漢　『永初五年』磚……一七四
136 東漢　『元初五年』磚……一七五
137 東漢　『南郡太守賊曹掾』磚……一七六

138 東漢 『元初五年』磚 …… 一七七
139 東漢 『蕭既尹』磚 …… 一七八
140 東漢 雜技畫像磚 …… 一七九
141 東漢 龍紋磚 …… 一八〇
142 東漢 『西何□雲陽公』磚 …… 一八一
143 東漢 『大吉』磚 …… 一八二
144 東漢 壽字磚 …… 一八三
145 東晋 『咸和六年』楔形磚 …… 一八四
146 東晋 『咸和八年』磚 …… 一八五
147 東晋 『永和五年』磚 …… 一八六
148 東晋 『升平二年』磚 …… 一八七
149 東晋 『太元十三年』磚 …… 一八八
150 南朝 宋『元嘉十六年』磚 …… 一八九
151 北魏 『瑯琊王』磚 …… 一九〇
152 北齊 仕女磚 …… 一九一
153 北魏 『楊氏世世吉昌』磚 …… 一九二
154 西夏 西夏王陵磚 …… 一九三
155 西夏 西夏王陵手印磚（殘） …… 一九四

漢彩繪陶器　漢唐陶俑及其他

156 秦漢 繭形壺 …… 一九七
157 西漢 彩繪雲紋陶鼎 …… 一九八
158 西漢 彩繪陶鈁（對） …… 一九九
159 西漢 灰陶三足穀倉 …… 二〇〇
160 西漢 原始青瓷鳥紋瓿 …… 二〇一
161 東漢 緑釉印花三足穀倉 …… 二〇二
162 東漢 緑釉粉盒 …… 二〇三
163 東漢 雙耳罐 …… 二〇四
164 東漢 四繫罐 …… 二〇五
165 東漢 灰陶駱駝 …… 二〇六
166 東漢 陶盆 …… 二〇七
167 西漢 仕女陶俑 …… 二〇八
168 東漢 女俑 …… 二〇九
169 六朝 騎馬俑 …… 二一〇
170 六朝 騎馬俑 …… 二一一
171 六朝 牽馬俑 …… 二一二
172 唐 彩繪陶馬 …… 二一三
173 唐 仕女俑 …… 二一五
174 唐 仕女俑 …… 二一六
175 唐 四足陶箕硯 …… 二一七

自序

我讀書有一個習慣，喜歡根據書中提到的事物和地點進行實地調查，以證實書中的記載，加深對歷史的認識。一九四七年我爲母校青城中學到江陰去招生時，在招生工作結束後，就留下來對三百年前江陰人民的抗清鬥争作了認真的調查。那時，江陰南城還是當時的老城，城門洞上『忠義之邦』四字，還赫然在目。當年清兵破城時，老百姓不願投降，紛紛投玉帶河、四眼井自殺。河、井都被人體塞滿。直到我去時，玉帶河、四眼井還依然俱在。我還在殘破的明倫堂傍的蔓草瓜藤中找到了馮訓導闔家自殺殉難的記事碑。後來我又到了江陰東鄉的周莊，抗清英雄閻應元就奉母居周莊的砂山，我也找到了這座小山。後來閻應元領導了轟轟烈烈的江陰人民抗清鬥争，死清三王十八將，閻應元自己也與城俱殉。這次調查，我寫了《澄江八日記》，發表在一九四七年的《大錫報》上。那時我二十三歲，在無錫國專讀二年級。之後，一直没有出去調查的機會，直到一九六四年我在人民大學，被派往陝西省長安縣搞『四清』工作，纔又一次得到外出調查的機會。我在長安縣王曲公社一年，走遍了西安地區有歷史遺迹的地方，還在南堡寨、北堡寨、藏駕莊等地發現了一個規模極大的原始社會遺址。這是我與周宏興同志一起發現的。我們及時報告了陝西省社科院考古所。他們派人來核查并認可了我們的發現。『四清』結束後，一九六五年六月，我們回到北京，帶回一批采集到的陶器、石器、骨器等原始文化的文物，請郭沫若、蘇秉琦兩位專家看了，他們一致肯定了這次發現。蘇秉琦先生還是親自到我張自忠路家裏來看的。我們寫的新石器時代遺址發現報告，交給了《考古》編輯部，但不久『文化大革命』就開始了，直到十年以後，『文革』結束，這個報告纔得到發表。

收在這本書裏的一些新石器時代的文物，就是這次采集到的。那件舊石器時代的石斧，即是在陽關烽火臺下沙灘上采集到的。

我再次得到外出調查的機會，是『文革』後期的一九七〇年。那年三月一日，人民大學全校下放到江西余江，我也隨着大家一起到了余江。那時『文革』還未結束，我還要定期接受『批判』，但實際上已經不是『文革』開始時那麽充滿火藥味了，而且每到周末或假日，都可以出去，只要按時回來。所以我利用這些假日，跑了不少地方，作了不少調查。例如我兩次上廬山，還調查了陶淵明故鄉栗里陶村。我去的是南栗里，這裏最大的標志是有一塊四方形的巨石，據説陶淵明經常坐在大石上寫詩，仰望天上飛動的雲彩。大石四周都題滿了字，我仔細看了，最早的題字是元代，這就使我感到有疑問，因爲陶淵明并不是到元代纔被人推崇的，後來得知廬山地區還有北栗里。北栗里纔是陶淵明的真實故里，但可惜我没有能去北栗里。我到了鄱陽湖，看到了周瑜練水軍的點將臺遺址。還看到了黄山谷寫《題落星寺》詩的落星墩。特别是我專門到了李白題香爐峰瀑布的香爐峰。我在峰下借宿一宵，第二天登上峰頂，但没有能到達最頂點。後來我到了附近一家酒樓的最高層，從這裏正好可以看到香爐峰的頂端，而且酒樓高處還略高於香爐峰，可以看到衆水匯合，聚於峰頂直瀉而下的氣勢，這就不是一般游覽者從下向上仰觀所能看到的了。我又爬了廬山的五老峰，到了著名的東林寺，走過了虎溪橋。我還到了九江白居易寫《琵琶行》的湓浦口，那裏今有琵琶亭。

三年幹校，我還到過其他許多地方，最遠去過桂林、陽朔。那時還没有收集文物的可能，但是我卻把這些重要的歷史文化遺址銘刻在我的心裏了。

收在這本書裏的一部分漢磚瓦當等是北京剛建立文物市場時我在那裏收到的，那時文物市場初建，四面八方的東西較多，容易買到一些好東西；另一部分則是朋友贈送或交换的。我收藏的一批明代民間青花瓷是友人從三峽地區爲我收到的。我的另一批唐宋元明清各類瓷器，則是歷年來積聚的，既有朋友送的，也有零星收集的。當然現在編到這部《外集》裏的東西都已經經過反復篩選并請專家鑒定過了。

收在這卷裏的特别重要的兩種文物，是我家鄉開河挖地時先後挖出來的。那件正德皇帝的《罪己詔》是一九七二年從一個墓葬裏出土的，老百姓把它擲在一邊，我侄子馮有責把它撿起來寄給了我，讓我看看有没有用。没有想到竟是一件國寶，全國僅此一件皇帝的《罪己詔》實物。前些年我已把它無償捐贈給第一歷史檔案館了。另五件青銅器『鄦陵君鑒』等，是一九七三年家鄉挖河時挖出來的。那件大銅鑒和兩件銅豆上都有長篇銘文，老百姓不知道它的價值，都把它放在一邊，無人管它。也是馮有責把銅鑒上的銘文用鉛筆拓了幾個字寄給我看，并告訴我是一件大器。我看到後大爲吃驚，這分明是一件戰國時的青銅器，而且還有幾十個字的銘文，我初步判斷是楚器。隨即就拿到故宫唐蘭先生處，唐老看了這幾個字的銘文，也認爲是楚器，他建議我把它拿到北京來，以免損毁。我隨即買了一批書送給家鄉，而這件青銅器他們因爲没有什麽用，就同意給我了。我想辦法把它運到了北京，但不久唐老去世了，未能看到。有不少專家，都看到了這五件青銅器并寫了文章，社科院考古所還作了鑒定和銘文的釋文。那時還在『文革』時期，我擔心這批青銅器若被『紅衛兵』看到會砸掉，所以告知了南京博物院的姚遷院長，願無償捐贈給南博，請他來看看。姚院長來看後，大爲興奮，説這是國寶。他立即叫人來運回去，并要給我數萬元作補償，我堅辭不受。我説我只要你的收條，以便我對家鄉作交待，其他一概不要。總算得到了他的理解，給了我一張收條，此事就算妥善地解决了。

收在這本書裏的其他文物，也都有可説之處，例如那件唐玄宗入道銅簡拓本，專家們稱之爲『投龍簡』。我開始只重視上面有劉銓福的長跋，因劉銓福是《石頭記》甲戌本的收藏者，著名的收藏家。後來纔注意到銅簡的文字和所記事迹，原來這是一件真正的有關唐玄宗的實物，非常難得，我寫有考證文章，這裏不再詳述。還有我收集的不少戰國至秦漢的瓦當、漢磚等，也是歷史的一鱗半爪，尤其是那幾塊燕下都的大宫瓦當，是河北易縣燕下都遺址出土的，這樣的大瓦當，實在難得，這也可以使我們借此想象到戰國時燕國之狀况，至今蕭蕭易水依然如故，荆軻塔則矗立在易水旁。我曾到塔下憑吊，也曾在易水旁徘徊流連，遥想高漸離當年擊筑悲歌的壯懷。我還收到幾件買地券，最珍貴的那件拓本則是考古專家張頷老送給我的，拓本上還有他的題記和印鑒。

我收集的瓷器大都是老百姓的日用品，只有極少幾件是較高檔的，但也是民窑。我是想以此來了解當時社會普遍的生活狀况，社會中下層的一面和底層老百姓的生活水准，所以我不嫌其粗糙，因爲這可以與當時的官窑瓷器作對照，可以看到社會幾個不同的層面。當然官窑精致名貴，但一器就值千萬金，在當時也只是上層高官或極大富商纔有可能享用。那麽當時社會更廣闊面的老百姓的生活如何呢？從瓷器這個領域來説，只有看當時大量存在的民窑瓷器了。民窑瓷器，從工藝燒製，到釉彩紋飾等等，都不可與官窑瓷器相比，但我們如果把這兩種瓷器放在同一歷史時期的社會層面上來看，那麽我們就可以形象生動地看到上層階級的豪奢生活與勞動人民貧困生活差距之大。當然，當時的社會，也不是簡單的兩個階層。實際上，在最高統治集團外，社會還有不同層次的貧富差距，所以同屬民窑，也還有精粗之分。我之所以重視收集這些民窑瓷器，就是爲了要了解當時社會廣闊的真實面貌。從這一角度説，這些普通的瓷器比那些珍貴的官窑瓷器具有更廣闊的社會真實性和普遍性。

這是從民間瓷器的社會性來説的，如從民間瓷器的藝術性來説，則又是另一種情况。特别是明代民間青花的繪畫，獨具特色，有如狂草，這在瓷畫中是别開生面的，它可以與元青花的工整精細成爲對照，也可以上溯中國大寫意畫和抽象畫的淵源。當然這都是屬於我個人的感知，不足以當大雅之賞。我收的這些晋、唐、宋、元、明的瓷器，都是請陶瓷專家高振宇鑒定的，他看得非常認真，所以我也放下了心。

本集的最後部分是我收藏的古墨。最難得的是四錠宋代古墨，這是從四川三峽得到的，都有紀年。一錠『乾德』，是北宋開國後第四年，『乾德』共五年（公元九六三至九六七年），所以這是一錠北宋最初的墨。其他三錠都是『乾道元年』（公元一一六五年）的墨。『乾道』是南宋陸游的年代。現在宋墨已是極爲稀見，但不是没有，前些年銀川就出土過一錠。二〇一一年出版的王毅先生的《中國徽墨》一書裏，還刊登了出土的宋墨六件。我得到的這四錠墨已經炭化，毫無重量。另外還有一錠萬曆丁未（萬曆三十五年，公元一六〇七年）的硃墨，也極難得。特别是有幾錠皇宫御用的墨，製作極爲精緻。還有幾錠分别是康熙、雍正、乾隆的墨，也極可貴。尤其是雍正五年范時繹的貢墨，雍正五年曹頫被抄家，奉旨抄家的人就是范時繹，所以這錠墨具有特殊的意義。還有一錠是乾隆年間袁枚的墨，與曹雪芹同時。乾隆辛亥墨有二錠，這是《紅樓夢》程甲本刊行的年代，也特別有意義。尤其是那錠乾隆壬子的墨，製作特精，而恰好又是《紅樓夢》程乙本的年代，真是非常湊巧。在這些藏墨中，光是康、雍、乾三朝的宫廷墨，就有二十錠左右。我不是藏墨家，對墨雖愛好卻無研究，這些墨有一部分曾經周紹良先生看過，但當時看的還只是一批清代文人的墨，周先生就非常贊賞，囑好好保存，後來得到一批宫廷藏墨，雖與周先生説過，但一直没有請他看過，可惜後來周先生不幸去世了。還有幾位藏墨的前輩朋友，如張絅伯、尹潤生、張子高諸先生，我與他們都有過墨緣，因爲二十世紀五十年代後期到一九七八年『整風反右』前，曾有過一個墨會，上述幾位藏墨的專家和周紹良先生定期聚會，賞墨品墨外還暢叙友情，我當時也受邀忝與其會，但後來政治運動愈來愈多，我們的聚會被看作有『小集團』的嫌疑，所以也就被迫取消，之後我也只與周紹良先生一直保持着聯繫，其他各位就很少見面了，但我愛墨之情卻未稍減，遇到機會就收集。我藏墨中最精的幾件是好友秦曉陽兄從國外買到送我的，那是一批被英法聯軍從圓明園皇宫中搶走的墨，直到上世紀在國外一個拍賣行拍賣，恰好被秦兄碰見。外國人不懂墨，却欣賞皇宫裏精致的墨匣，拍賣行把墨倒出來放成一堆，把空匣陳列標高價出售，而這些墨却極爲便宜，秦兄把它們全部買回來了，因之送了我幾錠。我後來收到的墨雖未請周先生過目，但秦兄的一部分墨，我與秦兄一起請周先生看過，周先生大爲欣賞，説你這些墨，我們的『四家藏墨』加起來也比不上。所以我後來所得的墨，等於周先生也已看到過一些了。

我忽然提到這些往事，一是睹物思人，懷念友朋，二是覺得知音難得，現在我想向人請教『墨學』已是很難了。所以無怪周紹良先生在最後一本談墨的書《清墨談叢》（二〇〇〇年紫禁城出版社）裏説：『我相信這也許是墨學的一個小結，將來未必能再有人掌握這麽多資料了。』豈止是資料，實際上『墨學』也將成『絶學』了。

我愛好墨，但并不懂墨，也没有機會收藏墨，只是把僅有的一點收到這本書裏以獻讀者，亦『野人獻曝』之意而已！

總之，數十年來，我愛好文物，收藏文物，但却與真正的文物收藏家不同，我的着眼點是歷史和社會，所以我不是收藏家，更不是文物家，我只是爲歷史求證，爲歷史社會求真，所以我所收集的東西，既有若干件珍貴的，但更多是普通的，足以反映社會的廣闊面和真實面的。我的這一點區區之意，還希望得到讀者的理解。

這本集子是綜合性的，凡不能成專集的都收在這本集子裏，編次則以時代爲經，但也有特殊情況，如瓦當類和磚類、瓷器類、青銅器、古墨類等等，則相對地加以集中，以便閲讀。又本集雖以時代爲經，但也不可能每個時代都有，只能以實物爲據，有則實之，無則虚之。

我對所收各件實物的解釋，雖請教過多位專家，但我本人是外行，難免仍有謬誤，所作説明，只能供讀者參考，還請見諒。

二〇一三年十月二日，農曆八月廿八日夜十二時，寬堂九十又一改定于瓜飯樓

舊石器　新石器

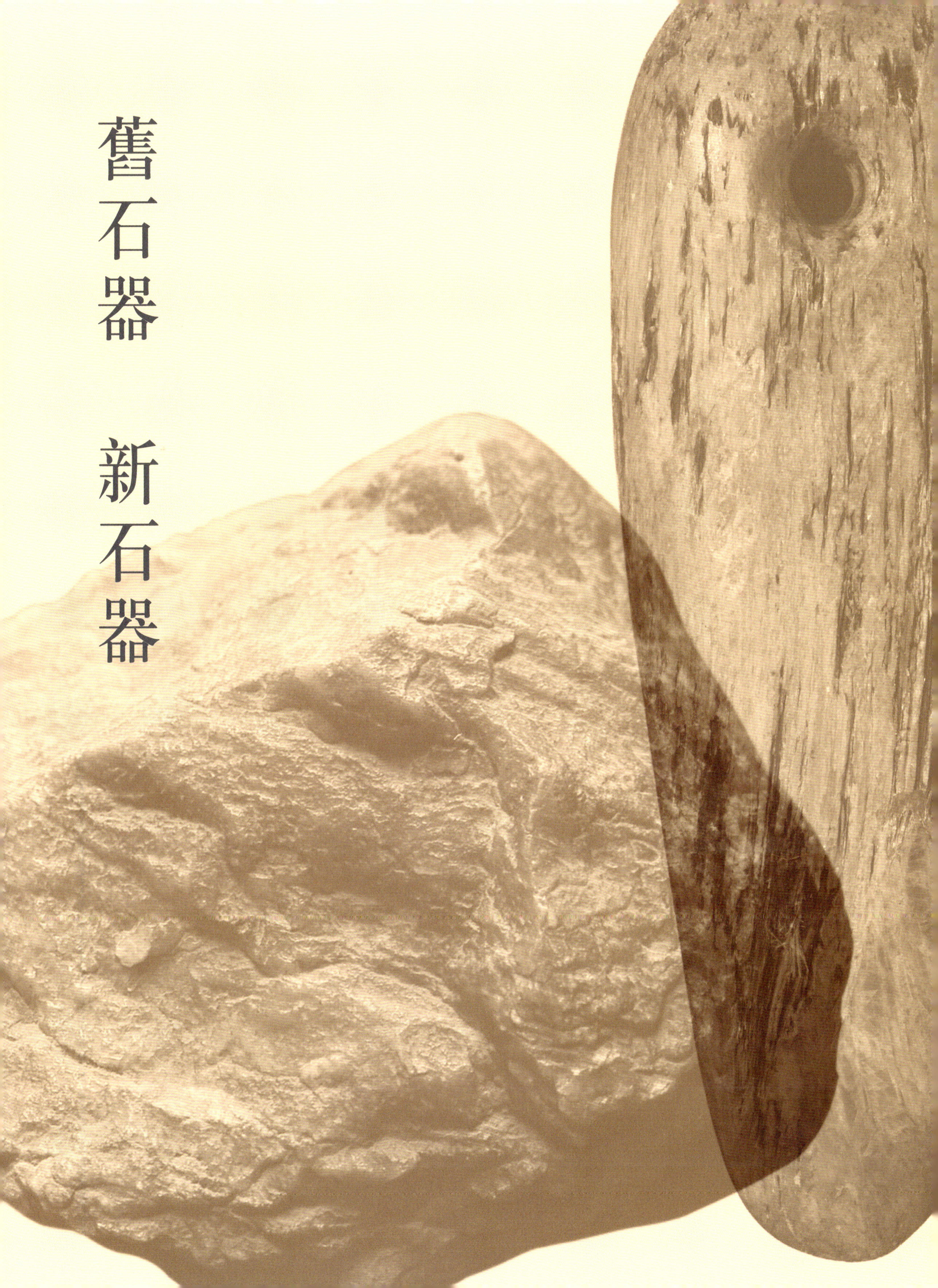

001

石斧

長13.5厘米　寬13厘米　厚7厘米

舊石器時代石斧，一九八一年七月三十一日在甘肅陽關烽火臺下戈壁灘上所得。

002

新石器

玉斧

長6.3厘米　寬2厘米　厚0.7厘米

一九六五年春陜西省長安縣王曲公社南堡寨采集。

003

新石器

石鑿

長13厘米　寬5.5厘米　厚3厘米

一九六五年春陝西省長安縣王曲公社南堡寨采集。

器形爲圓椎形，琢磨製成。

004

新石器

石斧（殘）

長10厘米　寬7厘米　厚3厘米

一九六五年春陝西省長安縣王曲公社南堡寨采集。琢磨製成。

005

新石器

石斧

長11厘米　寬6厘米　厚3厘米

一九六五年春陝西省長安縣王曲公社南堡寨采集。

006

新石器

石 鑿（殘）

長10厘米　寬2.5厘米　厚2.8厘米

一九六五年春陝西省長安縣王曲公社南堡寨采集。

長條形寬刃，只刃部磨製。

007

新石器

石斧

長10厘米　寬5厘米　厚1厘米

一九六五年春陝西省長安縣王曲公社南堡寨采集。

008

新石器

石鏟

長4.5厘米　寬2厘米　厚0.3厘米

一九八五年六月十二日在甘肅大地灣遺址采集。

009

新石器

鹿角化石

高13厘米

一九六五年春陝西省長安縣王曲公社北堡寨采集。

附：『陝西長安縣王曲地區新石器時代遺址調查』

附〔一〕 陝西長安縣王曲地區新石器時代遺址調查*

一九六四年十一月至一九六五年五月，我與周紅興同志在長安縣王曲公社北堡寨村東的一個土坑内，發現了一些陶片和石器。一九六五年四月間，我們又進行了調查和采集工作，獲得了陶片數百片和近二十件完整的或復原的陶器，以及多種石器、骨器與蚌器等，同時還發現了多處文化堆積和一座大型周代墓葬。

遺址位於滈河東岸，神禾塬頭。北距半坡遺址約二十公里。遺址以北堡寨、南堡寨、藏駕莊爲中心，向東延至北江兆、中江兆，向北伸展至王曲鎮南端，範圍五平方公里（圖一）。從出土遺物看，北堡寨主要是彩陶，與半坡遺址的大體相同，另有一些西周遺物（圖二，5、8、9、10、13）；南堡寨，出土遺物比較接近龍山文化，藏駕莊出土的多是商或周代的陶器。

據我們的調查，這處遺址已暴露很長時間。由於歷年山水衝刷，在南堡寨、北堡寨和藏駕莊之間，有一條深溝，叫東峪河。在溝的兩壁上端，均可見到文化層。另一條名叫柳溝，横亘於中江兆、北江兆和藏駕莊、北堡寨之間，據説是明朝地震造成的。在這四個村子之間，溝的兩側也有文化層可尋。另外在北堡寨村東，沿村南北走向有一個壕溝，我們在這裏獲得不少陶片、陶銼、骨箭頭、陶紡輪等遺物。解放前，這裏曾修了一條由北堡寨至藏駕莊的大道，道旁也露出很多灰坑與遺迹。

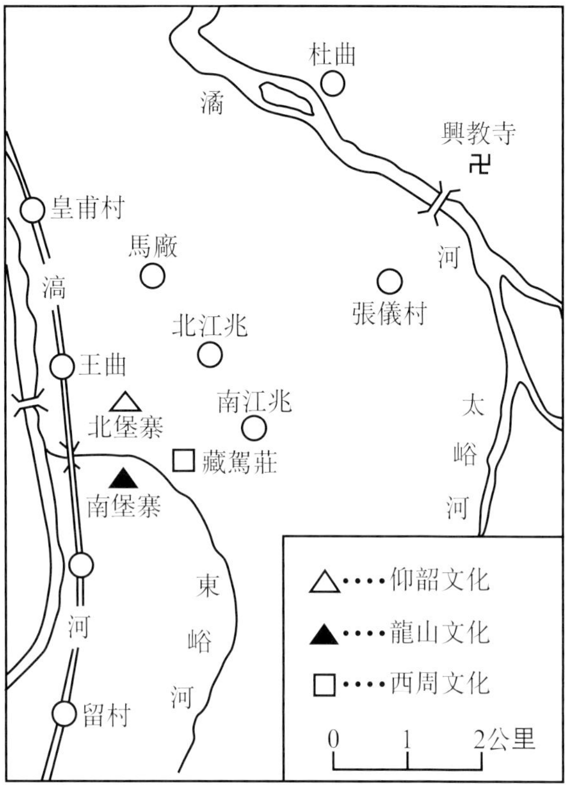

圖一　遺址位置圖

由北堡寨、南堡寨、藏駕莊暴露的文化層來看，它們大都離地表很近，上面壓着一層半米左右的耕土層，下邊便是厚達二至三米的灰層。

文化層一般呈灰色或灰黑色，土質很鬆軟，僅有兩處不同，一是由王曲鎮去北堡寨路南土崖的文化層呈灰白色，

【注釋】

〔一〕本文完成於一九六五年八月，并交給《考古》編輯部，由於『文化大革命』，直至一九八一年纔發表。

＊ 本文由馮其庸撰稿，器物圖由《考古》編輯部繪製，發表時與周紅興同署名。——編者注

內中夾有大量的紅土與其他遺物，并且有層次。另一處是北堡寨東柳溝東壁有一長約百餘米的文化層，土質極硬，夾有大量的紅陶（陶質軟）或紅燒土，有一處上層內有均勻的夯土的層次。同時尚有幾個灰坑。

在這些文化層的側表，我們還發現窑址兩座（均在南堡寨，一個已毁近半）；瓮棺兩個（一在藏駕莊，已毁半，隨葬品有石鑿、石錛、石刀、骨簪、蚌泡、文蚌、貝等物。一個在南堡寨，僅有少許骨骼）；各種獸骨，多具尸骨。在南堡寨尚遇到一個藏有大量螺殼的灰坑，從坑內我們挖出斑鹿角四支。

（二）北堡寨

石器

斧，一件。琢磨而成，器身扁寬，横斷面呈扁圓形，長10厘米、寬5厘米、厚2厘米（圖一，2）。

刀，三件。一件打製而成，略呈長方形。兩側帶有凹口，長7厘米、寬5厘米、厚1厘米（圖一，1）。一件爲磨製，長9厘米、寬4厘米、厚1厘米。一件已殘，磨製而成，長條形，單孔。

此外尚有磨棒、杵、網墜、鑽、敲砸器和磨石等。

陶器

銼，四件。皆殘，二紅二黑（圖一，3、4）。

紡輪，三件。形狀各异。一件圓形，直徑5厘米、厚1.5厘米（圖一，14）。一件直徑5.5厘米，底邊有指按花紋，輪面有繩紋（圖二，16）。一件爲半圓形，棕色，直徑4厘米，高2厘米。

罐，四件。一件爲灰黑色細砂陶，鼓腹，輪製，表飾弦紋三道，肩部有五個圓球形突起（圖二，10）。一件爲灰色細砂陶罐。壁厚，質硬，肩以下飾繩紋。敞口，平肩，口徑11.5厘米、高16厘米、底徑10厘米(圖二，13）。一件帶蓋，褐陶，蓋上劃有幾何紋，罐身有繩紋（圖二，8）。一件爲小口大腹，細泥黑陶罐，腹至頸有三道弦紋。

鬲，五件。表飾繩紋，粗砂灰陶。其中一件高15.4厘米、口徑16厘米（圖二，5）。一件高18厘米、口徑18.4厘米（圖二，9）。

碗，一件。紅細泥陶，素面平底，口徑13厘米。

除了上述陶器外，還采集了一部分彩陶，器形多爲鉢或盆的殘片(圖一，6、12、19、20），有的可以復原。其中較完整的有兩件。

盆，一件。細泥紅陶，圓鼓腹，口徑20厘米。飾黑彩勾葉圓點紋(圖一，7）。

鉢，一件。細泥紅陶，斂口深腹，口徑21厘米。口沿飾黑彩勾葉圓點紋（圖一，18）。

此外，還采集有小口瓶、器足及器口多件。殘陶環的斷面呈圓形、半圓形、三角形和扁圓形數種，環面有劃綫紋，或外突成齒輪狀，并在齒上刻有綫紋。還有一件有孔陶器，用途不明（圖二，15）。

骨器　有骨鏃（圖二，21、22）、骨錐（圖二，17）。

蚌器　僅采集了帶孔殘蚌刀一件（圖二，11）。

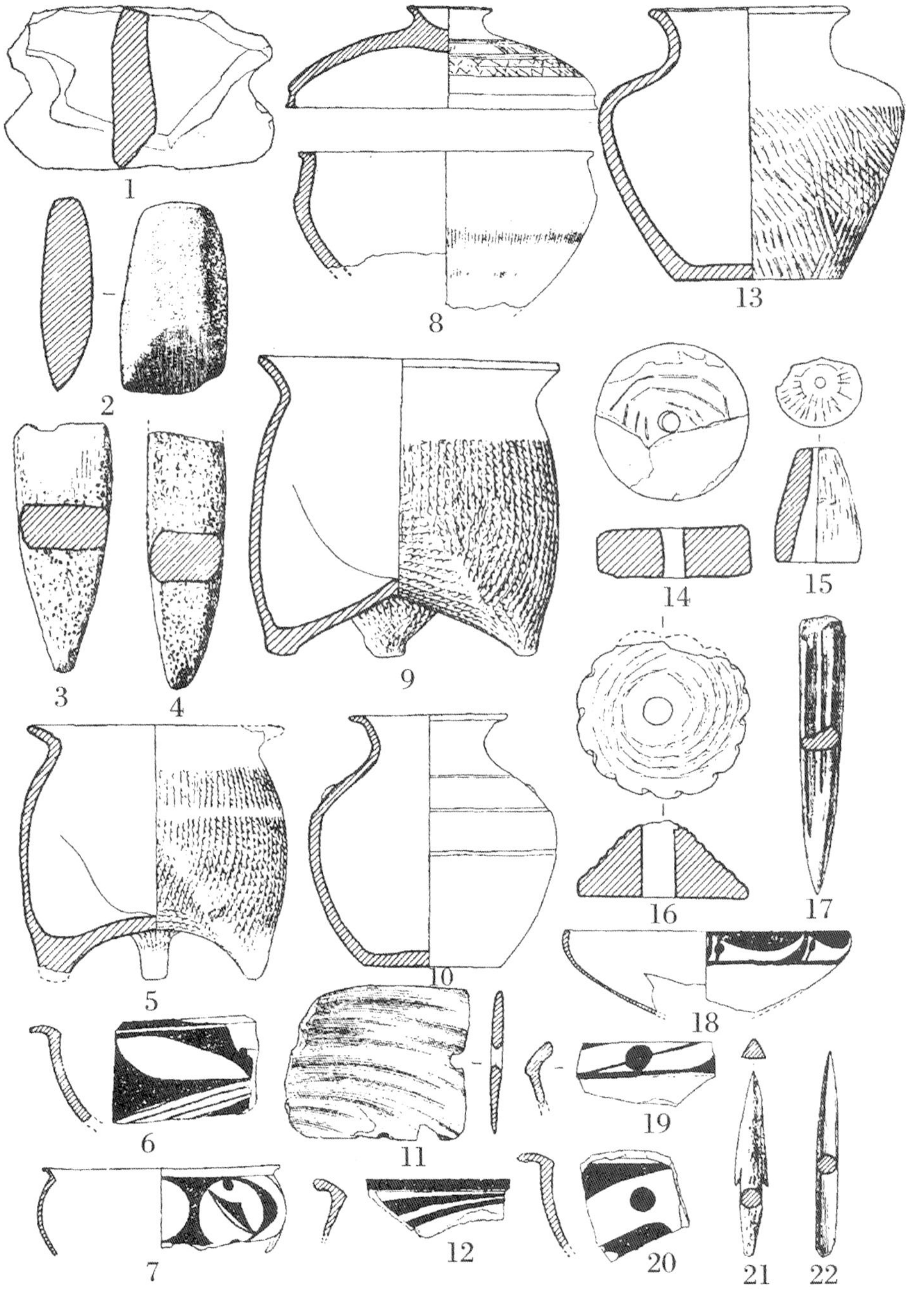

圖二　北堡寨遺址出土遺物

1. 石刀　2. 石斧　3、4. 陶銼　5、9. 陶鬲　6、12、19、20. 彩陶片　7. 彩陶盆　8、10、13. 陶罐　11. 蚌刀　14、16. 陶紡輪　15. 帶孔陶器　17. 骨錐　18. 彩陶鉢　21、22. 骨鏃（1、2、3、4、11、14、16、17、21、22均爲1/2，7爲1/8，餘爲1/4）

（二）南堡寨

石器

斧，二件。一件完整，琢磨而成，器身寬扁，中部厚突，横斷面爲扁圓形，長11厘米、寬6厘米、厚3厘米（圖三，1）。一件磨製，長方形，已殘。上有一個兩面鑽成的孔，寬7厘米、厚1.5厘米（圖三，6）。

鑿，二件。皆殘。一爲長條形寬刃，只刃部爲磨製（圖三，8）。一爲圓柱狀，琢磨製成。

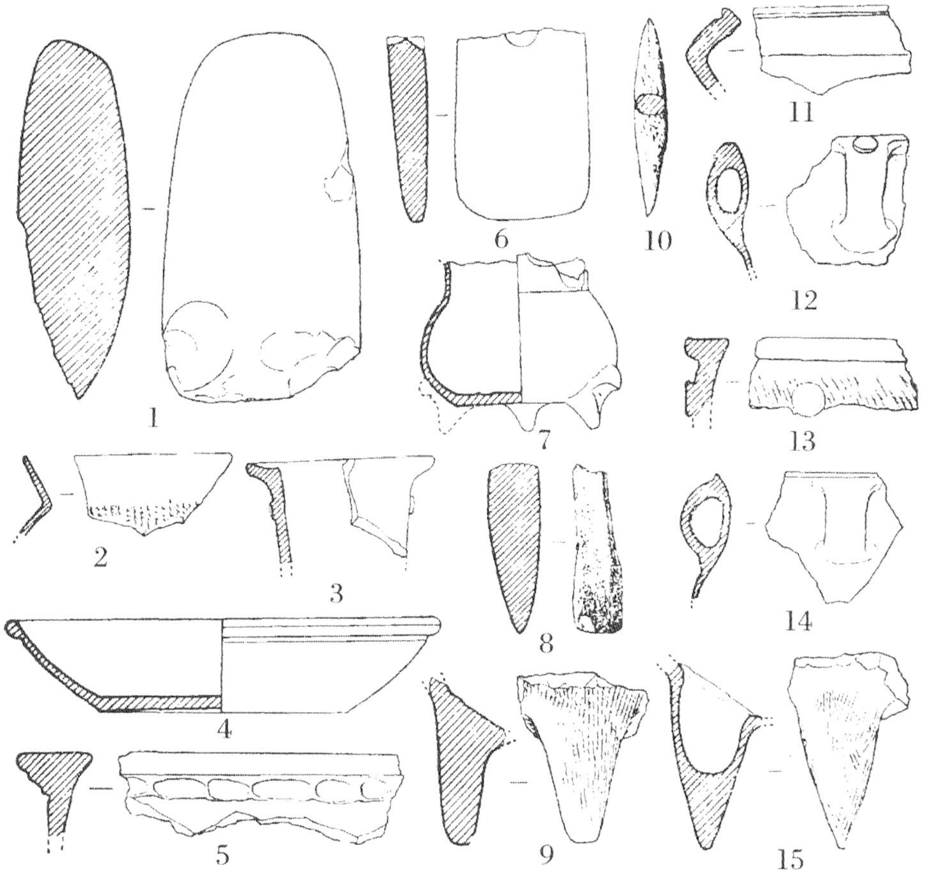

圖三　南堡寨遺址出土遺物

1、6. 石斧　2、3、11. 器口　4. 陶鉢　5、13. 罐口　7.三足罐　8. 石鑿　9.鼎足　10.骨鏃　12、14. 器耳　15. 鬲足（1、6均爲1/2，餘爲1/4）

陶器

鉢，一件。細泥黑陶，素面，敞口，平底，口徑23厘米、底徑13厘米、高5厘米（圖三，4）。

三足罐，一件。紅陶，輪製，直頸，口微敞，鼓腹，平底，下有三尖足，自腹下至足皆塗白衣（圖三，7）。

此外尚有各種類型的殘罐口（圖三，5、13）、器口（圖三，2、3、11）、器耳（圖三，12、14）、鼎足（圖三，9）和鬲足（圖三，15）。

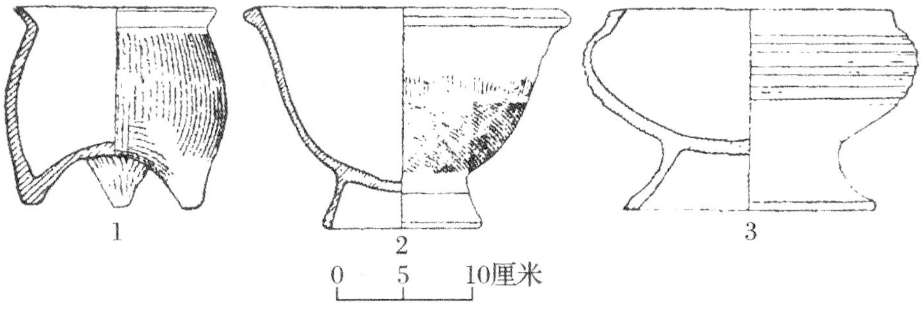

圖四　藏駕莊出土陶器

1.鬲　2、3.簋

骨器

僅采集到骨鏃一件（圖三，10）。

（三）藏駕莊

石器

錛，一件。均爲長方形，一長5厘米、寬3.5厘米、厚0.5厘米，雙孔。一長4厘米、寬3厘米、厚1厘米。

刀，一件。長方形，磨製，已殘。

陶器

鬲，一件。均爲粗砂灰陶，飾繩紋（圖四，1）。

簋，二件。一爲細砂灰陶，高圈足，肩腹飾弦紋。口徑20厘米、足徑18厘米、高15厘米（圖四，3）。一爲灰陶，敞口，圈足較矮，口徑24厘米、足徑12厘米、高16厘米（圖四，2）。

從以上情况來看，這三個村的遺址的時代不同，北堡寨主要是仰韶文化遺物。南堡寨的遺存則大體相當於龍山文化。藏駕莊爲周代文化遺址。

我們對這三個村的遺址，只是作了初步調查，至於這三處遺址的關係，尚須作進一步的發掘來説明。

一九六五年八月

新石器時代至戰國素陶

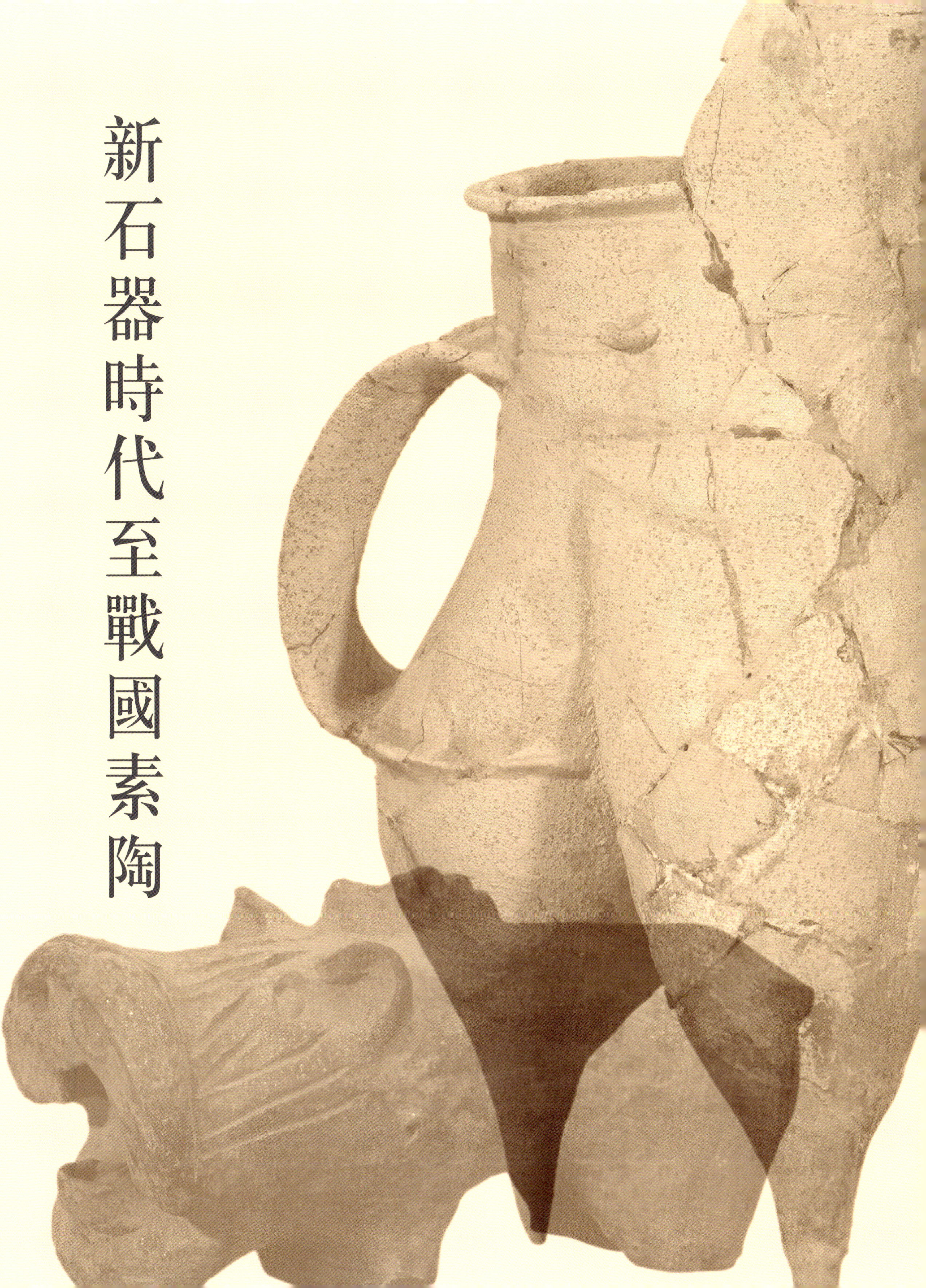

010

新石器　仰韶文化

紅陶碗（殘）

足徑 6.3厘米　口徑13.8厘米　高6.5厘米

一九六五年春陝西省長安縣王曲公社北堡寨采集。

紅細泥陶，素面平底。

011

新石器 龍山文化

灰陶罐

通高20厘米 腹寬19厘米

一九六五年春陝西省長安縣王曲公社南堡寨采集。

灰色細砂陶罐，壁厚，質硬，肩以下飾繩紋。敞口，削肩。

012

新石器　龍山文化

大陶鬲

通高32.5厘米　口徑28厘米

腹寬28.5厘米

013

新石器

紅夾砂陶罐

通高23厘米　腹寬28厘米

014

新石器

紅夾砂陶罐

通高22厘米　腹寬28厘米

015

新石器

灰陶盤

足徑13厘米 口徑24厘米 高5.5厘米

一九六五年陝西省長安縣王曲公社南堡寨采集。

細泥黑陶，素面，敞口，平底。

016

新石器

黑陶罐

通高18厘米　腹寬21厘米

一九六五年春陝西省長安縣王曲公社北堡寨采集。

細泥黑陶罐，小口大腹平底，腹至頸飾弦紋三道。

017

新石器　龍山文化

黑陶鬲

通高13.4厘米　腹寬15厘米

細泥黑陶，三足飾繩紋。

018

新石器　山東大汶口

陶鬶

通高26厘米　腹寬16厘米

019

新石器　山東大汶口

陶鬶

通高11.5厘米　腹寬9厘米

020

新石器　山東大汶口

花口陶鬶

通高17厘米　腹寬16厘米

021

新石器　山東大汶口

陶　鬹

通高34厘米　腹寬19厘米

022

新石器　山東大汶口

陶　鬹

通高28厘米　腹寬19厘米

023

新石器晚期　龍山文化

白蛋殼陶齒口雙耳杯

通高7厘米　腹寬10厘米

024

新石器晚期　龍山文化

黑陶杯

通高11厘米　腹寬8厘米

山東龍山出土。

025

新石器晚期 龍山文化

黑陶器殘件

殘高10厘米 腹寬7.5厘米

山東龍山出土。

其壁薄如蛋殼。

026

新石器　齊家文化　甘肅臨夏

雙大耳陶罐

通高11.5厘米　寬10厘米

027

新石器　龍山文化

黑單耳繩紋陶罐

通高15厘米　腹寬16厘米

新疆和田所得。

028

新石器　齊家文化

雙大耳罐

通高11.5厘米　腹寬7.8厘米

甘肅臨夏出土。

029

戰國　燕

豬形陶水管

長27厘米　高13厘米（上圖）

長29厘米　高11厘米（下圖）

河北省易縣燕下都遺址出土。

030

戰國 燕

龍形陶水管

長27厘米 高5厘米

河北省易縣燕下都遺址出土。

新石器時代彩陶

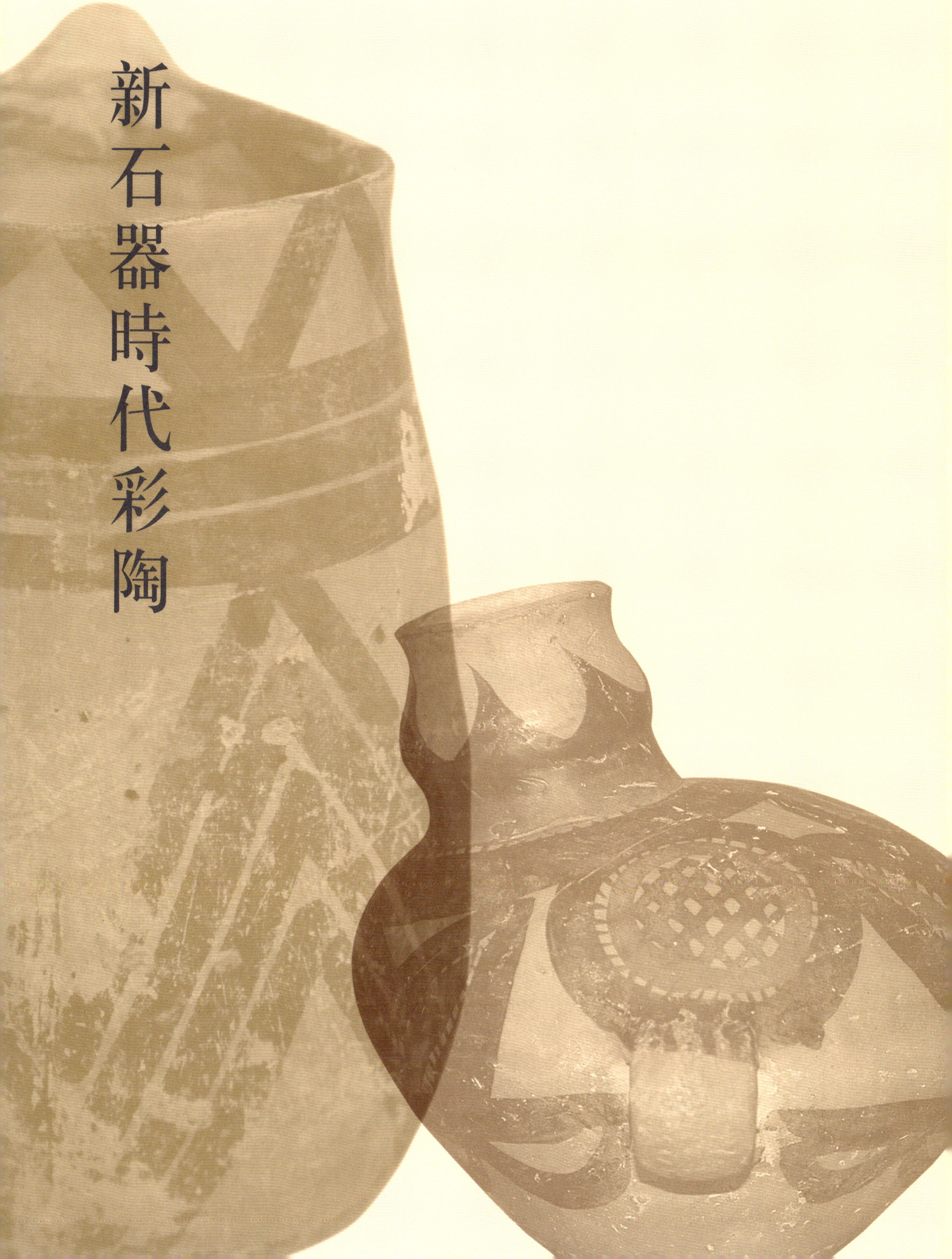

031

新石器　仰韶文化　廟底溝類型

彩陶盆殘片

寬10厘米　高5厘米

一九六五年春陝西省長安縣王曲公社北堡寨采集。

細泥紅陶，圓鼓腹，飾鳥翅、太陽紋。

032

新石器　辛店文化

雙耳罐

通高10厘米　腹寬17厘米

033

新石器　辛店文化

雙繫罐

通高16厘米　腹寬10厘米

雙勾紋圖案是典型的辛店文化的特徵。

034

新石器　齊家文化　馬廠型

單耳罐

通高13厘米　腹寬18厘米

彩疑後加。

035

新石器　馬家窑文化　馬廠型

幾何紋雙耳罐

通高11.5厘米　寬20厘米

甘肅臨夏出土。

馬家窑文化興盛期，接近半山型。

036

新石器 馬家窑文化 馬廠型

雙耳罐

通高18厘米 腹寬18厘米

037

新石器　常山下層文化

單耳罐

通高9.8厘米　腹寬10厘米

彩疑後加。

038

新石器　馬家窑文化　馬廠型　典型半山型

雙耳罐

通高10.5厘米　腹寬8厘米

甘肅永靖出土。

有西亞風格。

039

新石器　馬家窑文化　馬廠型

雙耳罐

通高20.5厘米　腹寬17.5厘米

彩存疑。

040

新石器

紅陶單耳罐

通高11厘米　腹寬6厘米

新疆吐魯番出土。

041

新石器　馬家窑文化　馬廠型

雙耳罐

通高12.8厘米　腹寬20厘米

042

新石器　馬家窑文化　半山型

雙耳罐

通高9厘米　腹寬14厘米

043

内彩陶盆

新石器　馬家窑文化早期　半山型

通高7厘米　腹寬14厘米

044

新石器 馬家窑文化 半山型

網紋雙耳罐

通高9.5厘米 腹寬12厘米

045

新石器　馬家窑文化　半山型

鳥型壺

通高12厘米　腹寬16厘米

此件彩陶造型別致，紋飾精美，飾變形蛙紋、圓圈紋。

046

新石器 馬家窑文化 馬廠型

雙耳罐

通高6厘米 腹寬12厘米

047

新石器　馬家窑文化　馬廠型

菱形網紋雙耳罐

通高19厘米　腹寬20厘米

048

新石器 馬家窑文化 馬廠型

菱形網紋雙耳罐

通高12.5厘米 腹寬20厘米

049

新石器　馬家窑文化　馬廠型

八圓圈網紋雙耳罐

通高12厘米　腹寬13厘米

050

新石器 馬家窑文化 馬廠型

三重波折紋單耳杯

通高12厘米 腹寬7厘米

051

新石器　馬家窑文化　半山型

水波網紋雙耳壺

通高24厘米　腹寬18厘米

052

新石器 馬家窑文化 馬廠型

菱形網紋雙耳罐

通高11.5厘米 腹寬10厘米

053

新石器　辛店文化

雙耳罐

通高12厘米　腹寬13厘米

054

新石器 山東大汶口文化

單耳陶罐

通高11厘米 腹寬13.5厘米

齊家文化前後，山東大汶口文化，有墜紋，壓光技術。

055

新石器　馬家窑文化　馬廠型

雙耳陶罐

通高12厘米　腹寬12厘米

器形存疑。

056

新石器

單耳陶罐

通高21厘米　腹寬22厘米

新疆吐魯番出土。

057

新石器　馬家窑文化　馬廠型　半山型

雙耳彩繪壺

通高38厘米　腹寬29厘米

商至戰國印紋陶

058

商至周

布紋灰陶罐

通高6.5厘米　腹寬9.3厘米

059

戰國

米字紋陶罐

通高13厘米　腹寬20厘米

戰國至漢代青銅器

060

戰國　楚

郪陵君王子申青銅鑒

通高25.5厘米　口徑54.5厘米

一九七三年冬出土於江蘇無錫前洲高瀆灣蘆塘。由馮其庸搶救後無償捐贈給南京博物院。

此器有兩條銘文，一條三十字，曰：『郪陵君王子申……』一條五字，曰：『王郢姬之鑒。』照片由南京博物院提供。

鑒唇背面五字銘文，南京博物院王金潮先生發現并提供照片。

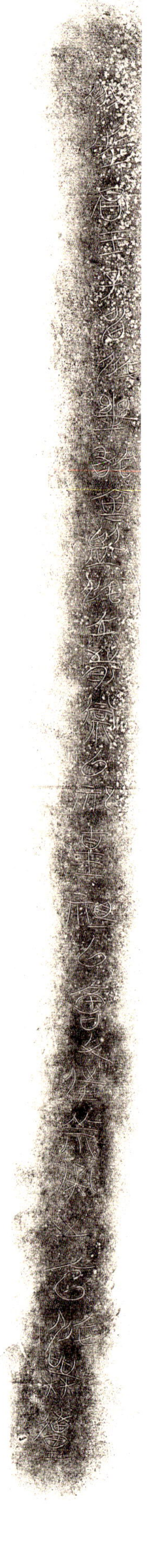

銘文拓本，一九七四年中國社會科學院製作。

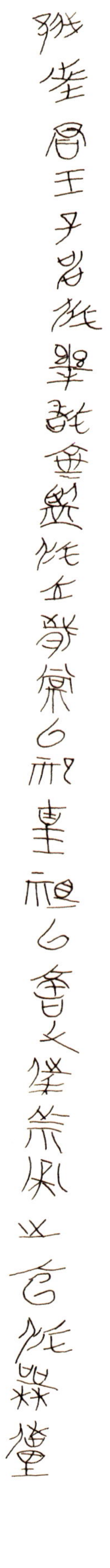

銘文摹本，一九七四年中國社會科學院製作。

鑒唇背面五字銘文拓本，南京博物院王金潮先生提供。

鑒唇背面五字銘文摹本，南京博物院王金潮先生摹寫。詳見《江漢考古》一九八七年第一期周曉陸先生的《『郪陵君鑒』補》。

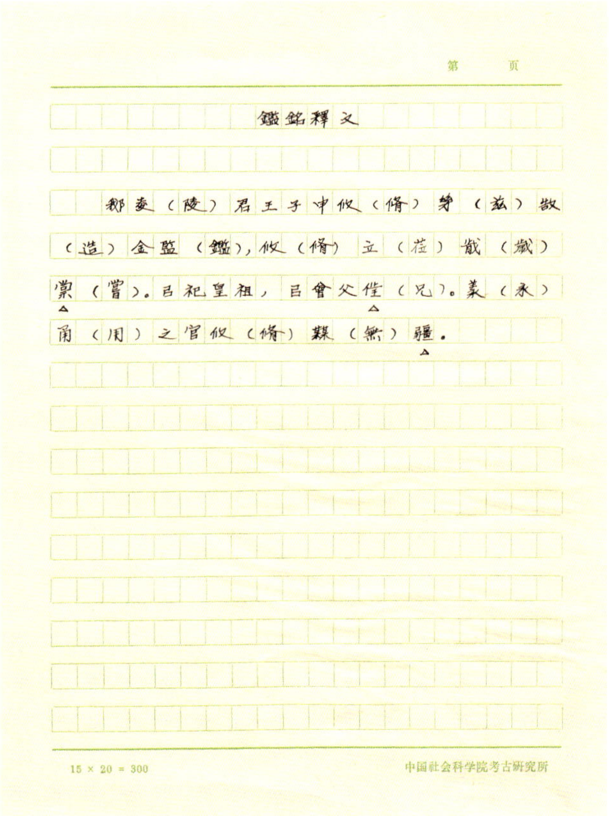

第　　頁

鑑銘釋文

郪夌（陵）君王子申攸（脩）苐（兹）散（造）金監（鑑），攸（脩）立（莅）嵗（歲）祟（嘗）。吕祀皇祖，吕會父佳（兄）。羕（永）甬（用）之官攸（脩）橆（無）疆。

15 × 20 = 300　　中国社会科学院考古研究所

銘文釋文，一九七四年中國社會科學院製作。

061

戰國 楚

郪陵君王子申青銅豆形燈 一

通高29.5厘米 盤徑18.3厘米 足徑15厘米

一九七三年冬出土於江蘇無錫前洲高瀆灣蘆塘。共兩條銘文，一條爲三十字，與銅鑒銘文內容大致相同，曰：『郪陵君王子申……』一條銘文兩行二十二字，是記重銘文，有新發現的重量單位。照片由南京博物院提供。

刻有銘文的燈盤外沿，銘文清晰可見，照片由南京博物院提供。

燈盤外沿三十字銘文拓本，一九七四年中國社會科學院製作。

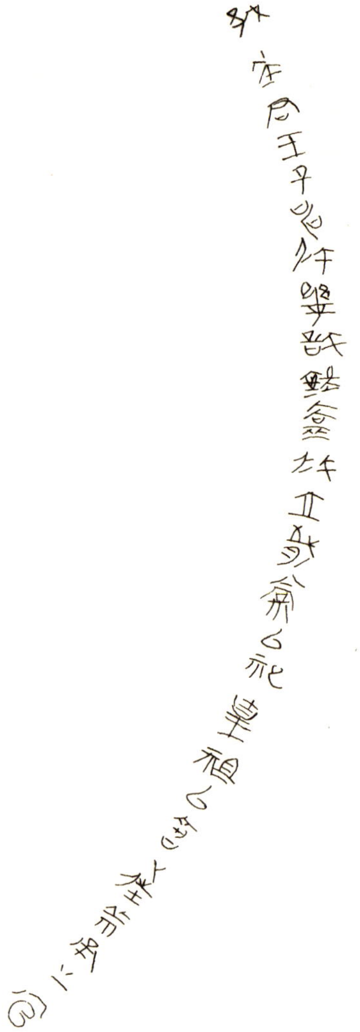

燈盤外沿三十字銘文摹本，一九七四年中國社會科學院製作。

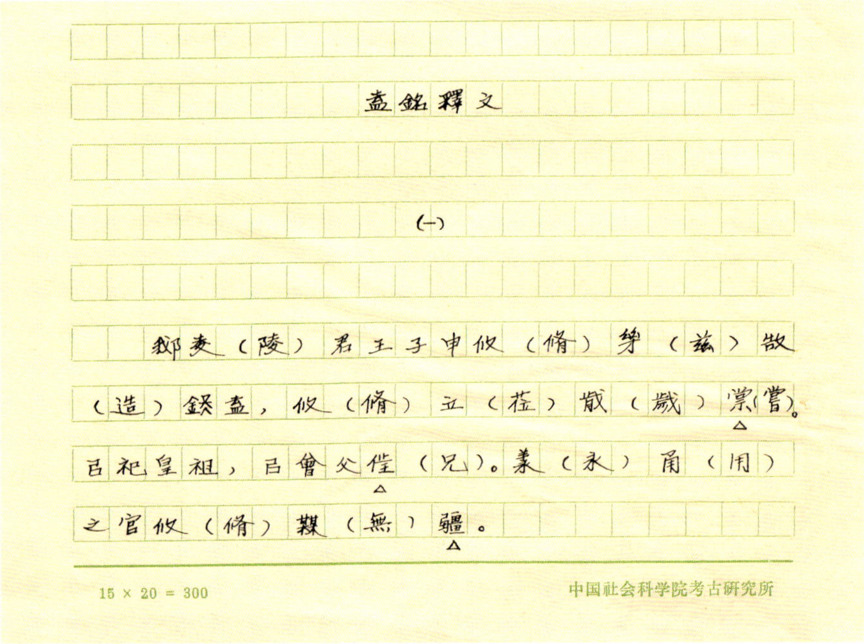

盉銘釋文

(一)

鄰夌（陵）君王子申攸（脩）䇂（茲）敓（造）鋘盉，攸（脩）立（蒞）戠（歲）嘗（嘗）。吕祀皇祖，吕會父侄（兄）。羕（永）甬（用）之官攸（脩）䵼（無）疆。

15 × 20 = 300　　中国社会科学院考古研究所

燈盤外沿三十字銘文釋文，一九七四年中國社會科學院製作。

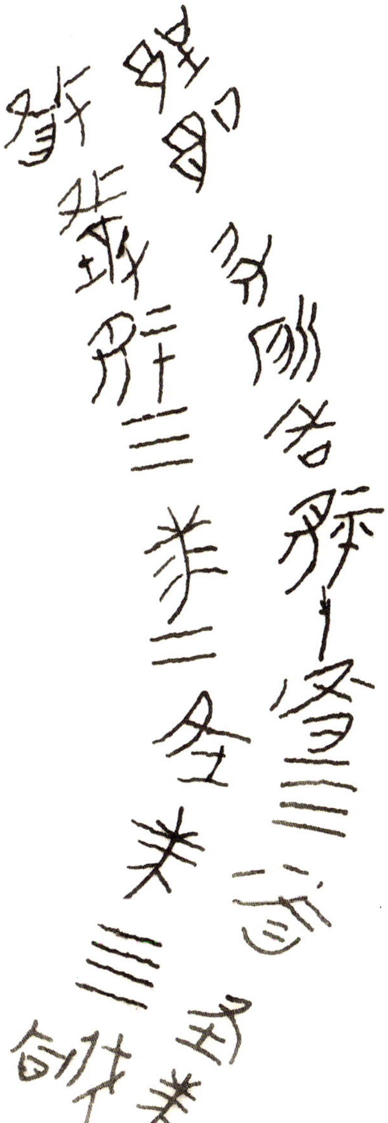

燈盤內銘文摹本

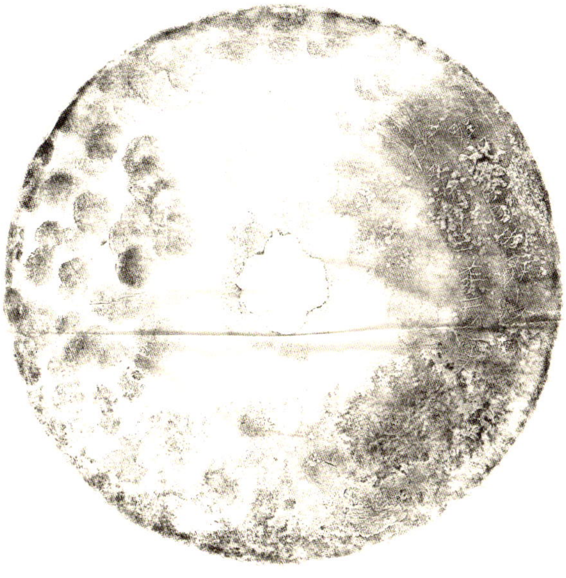

燈盤內二十二字記重銘文拓本，一九七四年中國社會科學院製作。

二十二字記重銘文摹本，有新發現的重量單位，詳見著名青銅器專家、歷史學家、古文字學家李學勤教授發表於一九八〇年第八期《文物》的《從新出青銅器看長江下游文化的發展》一文，及著名古文字學家李家浩先生發表於一九八六年《江漢考古》第四期的《關於掷陵君銅器銘文的幾點意見》一文。此摹本於一九七四年由中國社會科學院製作。

第　　頁

郢⿰多阝（？）⿸广貝（府）所告（造），⿰貝帀（資）十昝三（四）昝圣朱（銖）[1]；⿰癸攵襄，⿰貝帀（資）三朱（銖）二圣朱（銖）三（四）口[2]。

燈盤內二十二字記重銘文釋文，一九七四年中國社會科學院製作。

062

戰國 楚

郪陵君王子申青銅豆形燈 二

通高30厘米 盤徑19.2厘米 足徑15.5厘米

一九七三年冬出土於江蘇無錫前洲高瀆灣蘆塘。

有一條三十字的銘文，與前面銅鑒、銅豆銘文內容大致相同，曰：『郪陵君王子申……』照片由南京博物院提供。

刻有銘文的燈盤底面，銘文清晰可見，照片由南京博物院提供。

燈盤底面三十字銘文拓本，一九七四年中國社會科學院製作。

燈盤底面三十字銘文摹本，一九七四年中國社會科學院製作。

關於此三件有銘文的青銅器的研究文章不少，筆者知道的大概有：

李學勤的《從新出青銅器看長江下游文化的發展》，《文物》一九八〇年第八期；

李零、劉雨的《楚鄢陵君三器》，《文物》一九八〇年第八期；

吉林大學何琳儀的《楚鄢陵君三器考辨》，《江漢考古》一九八四年第一期；

何浩的《鄢陵君與春申君》，《江漢考古》一九八五年第二期；

李家浩的《關於鄢陵君銅器銘文的幾點意見》，《江漢考古》一九八六年第四期；

周曉陸的《『鄢陵君鑒』補》，《江漢考古》一九八七年第一期。

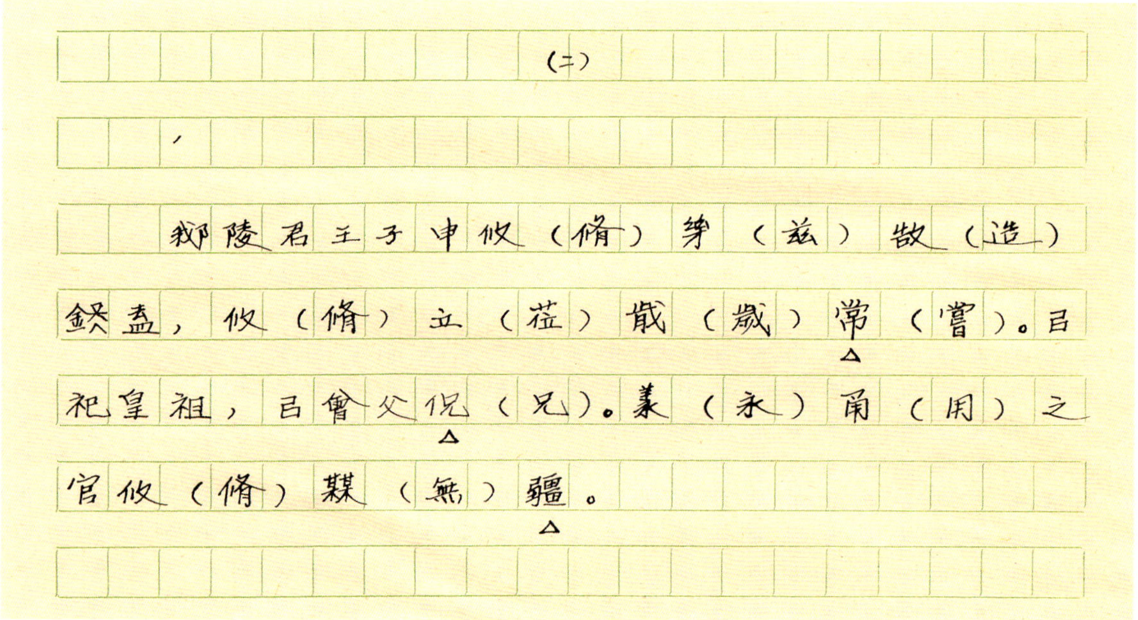
（二）

、

鄢陵君王子申攸（脩）𢍰（茲）散（造）鍨盍，攸（脩）立（莅）戢（歲）常（嘗）。吕祀皇祖，吕會父侃（兄）。羕（永）甬（用）之官攸（脩）𢀛（無）疆。

燈盤底面三十字銘文釋文，一九七四年中國社會科學院製作。

063

三件青銅器銘文釋文

以上三件青銅器（060、061、062）銘文釋讀，一九七四年中國社會科學院釋。

第　　页

鑑銘釋文

郪夌（陵）君王子申攸（脩）𢦚（茲）散（造）金監（鑑），攸（脩）立（莅）歳（歲）棠（嘗）。吕祀皇祖，吕會父佳（兄）。羕（永）甬（用）之官攸（脩）橆（無）疆。

盞銘釋文

（一）

郪夌（陵）君王子申攸（脩）𢦚（茲）散（造）鈇盞，攸（脩）立（莅）歳（歲）棠（嘗）。吕祀皇祖，吕會父佳（兄）。羕（永）甬（用）之官攸（脩）橆（無）疆。

15 × 20 = 300　　中国社会科学院考古研究所

郢𨛫（？）𢉜（府）所告（造），䞕（資）十釜三（四）釜圣朱（銖）[1]；發襄，䞕（資）三朱（銖）二圣朱（銖）三（四）□[2]。

（二）

、

郾陵君王子申攸（脩）䈞（兹）散（造）鉌盏，攸（脩）立（莅）戠（歲）常（嘗）。吕祀皇祖，吕會父倪（兄）。羕（永）甬（用）之官攸（脩）𣞤（無）疆。△

064

戰國　楚

青銅洗

通高8厘米　口徑20.5厘米　腹徑19厘米

一九七三年冬出土於江蘇無錫前洲高瀆灣蘆塘。

一九七四年中國社會科學院拍攝。

065

戰國 楚

青銅匜

通高9.3厘米 通長33.5厘米

流長12厘米 口縱21.5厘米

一九七三年冬出土於江蘇無錫前洲高瀆灣蘆塘。

照片由南京博物院提供。

以上五件器物（060、061、062、064、065）已無償捐給南京博物院。

066

戰國　秦　青銅

有胡直内戈

援長16厘米　胡長15厘米　内長10厘米

戈是古代中國特有的一種木柄曲頭兵器，可用於勾、啄、割等。它有横刃前鋒，垂直裝柄，其内刃用於勾割，外刃可以推杵，而前鋒用來啄擊對方。此戈長胡開刃，直内，内邊緣開刃，内部有一長條形穿孔，闌側有四道長條形穿孔，上下闌突出，有很强的穩固性。内上有篆書『櫟左工』三字。秦時的櫟陽是一處重要的兵器製造基地，不僅有工官，而且有左右工室，此戈當爲櫟陽左室鑄造。

067

戰國 青銅

扁莖鈹

長33厘米 寬3.3厘米

鈹是古代著名長兵器之一，它是一種起源於短劍的長柄兵器。『鈹』目前所知最早的文字資料見於《左傳·襄公十七年》：宋國華臣派遣六名殺手行刺皋比的總管華吳，『賊六人以鈹殺諸盧門合左師之後』。由此可知，銅鈹出現的時間至少在春秋時期。過去很多出土的鈹兵器由於柄已殘朽，曾被誤作短劍。但也有些完整的銅鈹，使我們可以得見銅鈹的全貌。秦始皇兵馬俑坑一號坑出土的十六件銅鈹中有五件較爲完整：鈹頭插於柲端的缺口內，以釘固定，柲爲木制，髹漆，下有銅鐓，通長359—382厘米，鈹頭長在35.1—36.5厘米之間，銅鈹出土時有的頭部還套有韒。本件扁莖銅鈹，平脊兩刃，鈹身斷面爲六邊形，斜收扁平莖，莖部有穿孔，用於將鈹莖插入柲端的缺口，以釘固定。本件銅鈹比秦始皇兵馬俑的鈹頭短2—3厘米，但是仍比一般的矛頭大兩倍以上。但接柲的方式一樣，都是用釘子通過莖部的孔固定在木柄上，都屬扁莖銅鈹。銅鈹除了扁莖銅鈹外，還有一種有銎銅鈹，與矛一樣，以銎納柲。鈹柲除了木柲以外還有一種積竹柲，楚鈹均爲積竹柲，積竹柲的做法是以木條爲芯，周圍貼附細長的竹片，然後再用細麻繩纏裹，外面髹漆。鈹具有一鋒二刃，可前刺，又能左右揮砍，兼有劍和矛的優點。本鈹上文字爲後刻。（參見劉占成《秦俑坑出土的銅鈹》〔一〕、孫燕《銅鈹若干問題探討》〔二〕、趙曉軍、蔡連章《我自鑄鈹及其相關問題》〔三〕）

【注釋】

〔一〕發表於《文物》，一九八二年第三期。

〔二〕發表於《江漢考古》，二〇一一年第一期。

〔三〕發表於《文物》，二〇一一年第九期。

068

矛

戰國　青銅

長17.5厘米　寬4厘米

此矛無血槽。

069

矛

戰國　青銅

長14.2厘米　寬3.5厘米

此矛有血槽。有『垣』字銘文。

070

西漢　青銅

永始乘輿鼎

高15.5厘米　寬16.5厘米　口徑12厘米

西漢永始二年鼎，有銘文曰：『乘輿十（湅？）銅鼎，容（五？）升，并重五斤四兩，永始二年供工工亶造，護臣紁，守嗇夫臣宗，掾臣（章？）主，右丞臣𠬝，守令臣冐省。』

『永始乘輿鼎』在容庚的《秦漢金文録》裏有三個，鑄作方均爲考工，此件器物鑄作方爲供工。乘輿：古代特指天子和諸侯所乘坐的車子，泛指皇帝用的器物。『永始』是西漢成帝劉驁的第五個年號，永始二年爲公元前一五年。

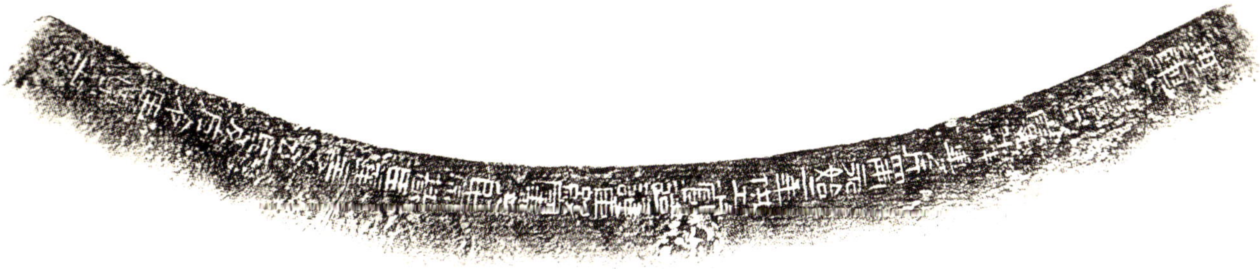

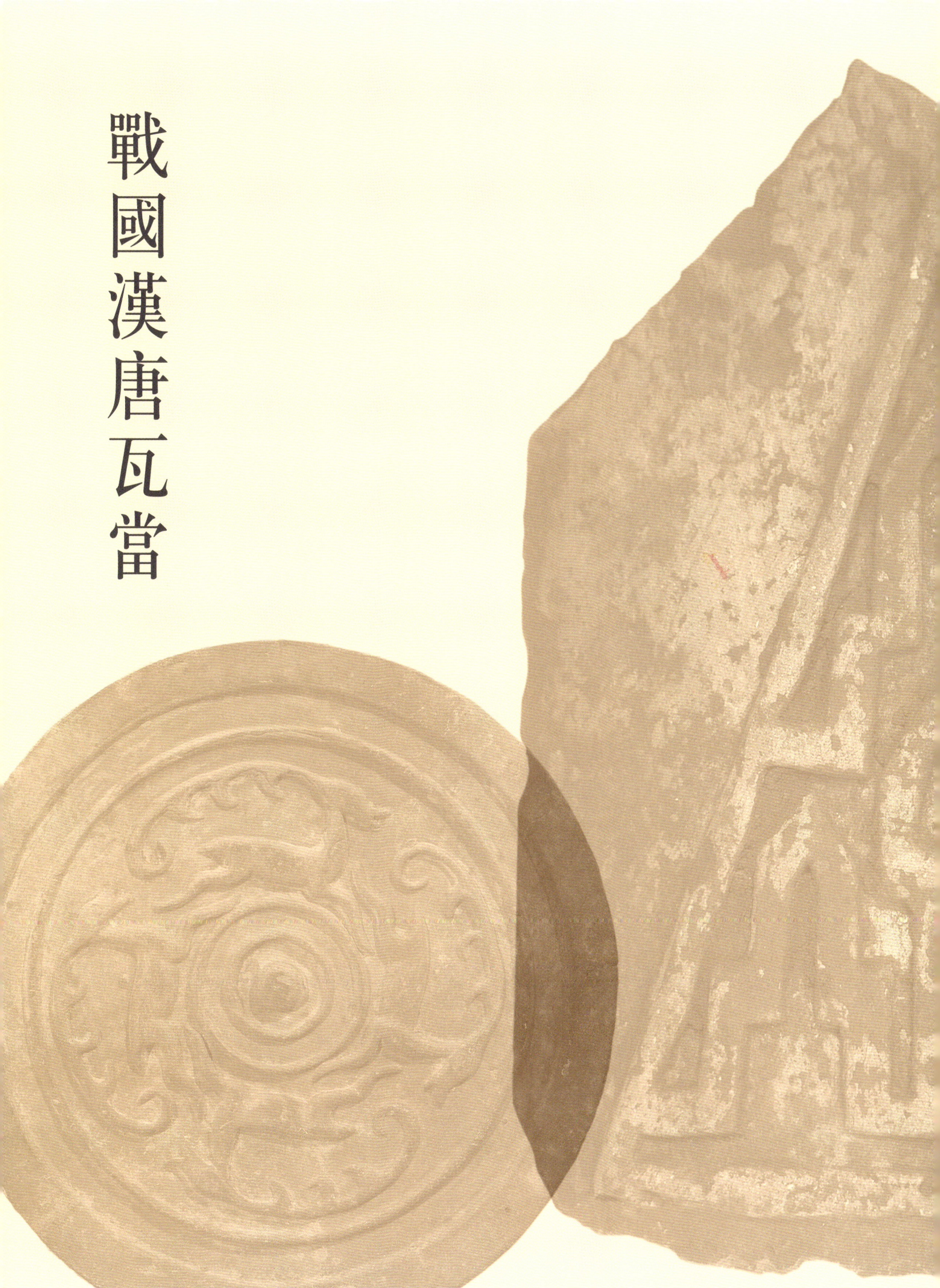

戰國漢唐瓦當

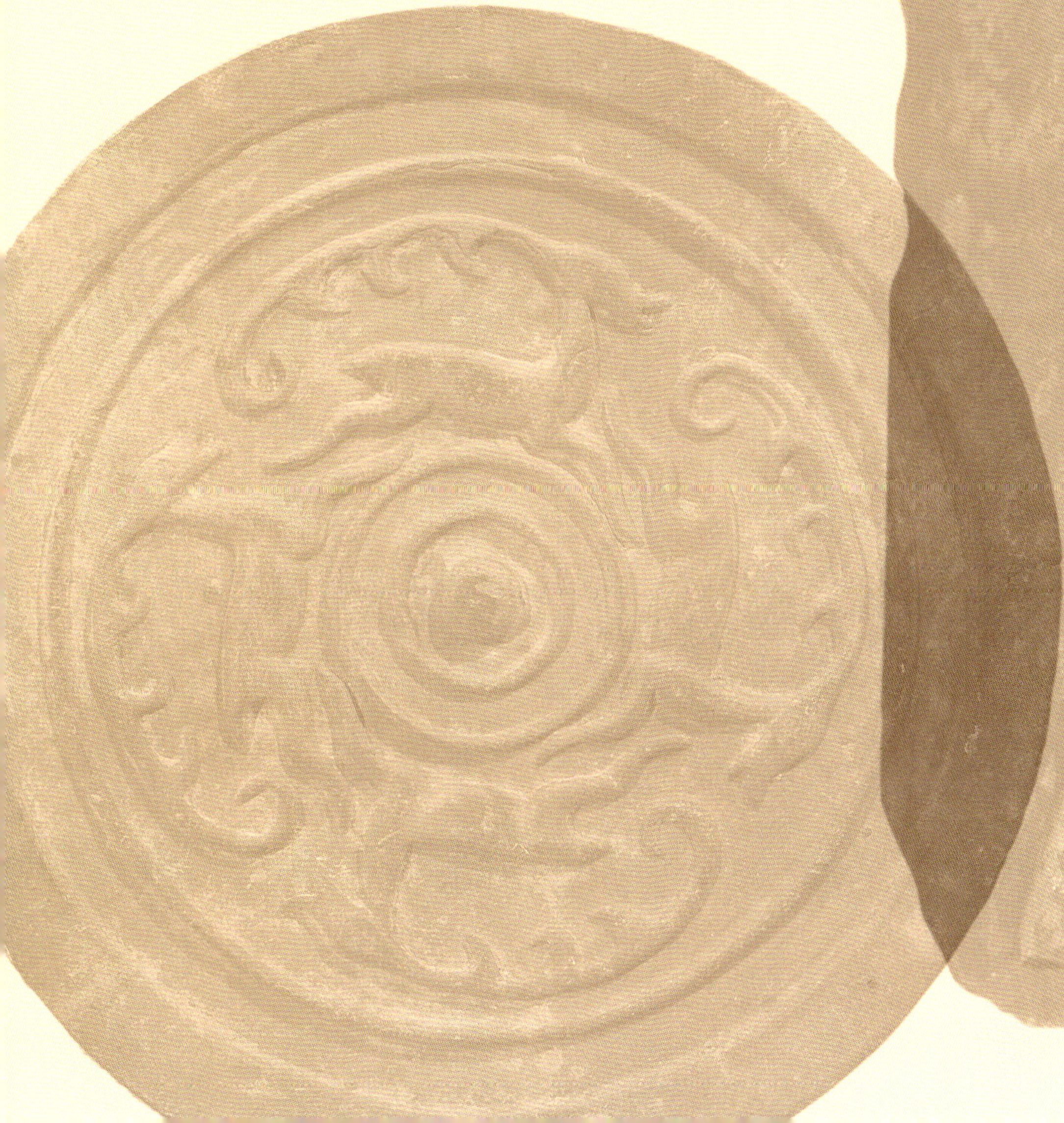

071

戰國　燕

雙龍背項饕餮紋大瓦當

當面底徑45.4厘米

河北易縣燕下都遺址出土。

燕下都位於河北省易縣東南五公里處，故城平面呈長方形，在北易水與中易水之間，東西約八公里，南北約四公里，是戰國都城中面積最大的一座。西周武王滅商後，分封召公於北燕，成王時召公之子就國，建都於薊（今北京），後世稱『燕上都』。燕下都是燕昭王時期修建的，是燕國通往齊、趙等國的咽喉要地，也是燕國南部的政治、經濟、軍事重鎮。燕下都自一九三〇年調查發掘以來，發現大大小小許多建築遺存，都屬於宮殿建築群，其中有獸形陶水管（圖029、030）、印有華美紋飾的半瓦當等，這些瓦當爲研究燕國城市建設的規模、佈局和建築藝術提供了第一手的資料。燕國饕餮紋半瓦當中的紋樣借用了商周青銅器上的圖形。燕下都瓦當目前所見都爲半瓦當，瓦當碩大、厚重，一般的瓦當底徑是15—25厘米之間，壁厚1厘米以上，脊瓦和檐前筒瓦當面底徑一般在26厘米以上，壁厚在1.5厘米以上，以往所知最大的垂脊筒瓦當面底徑38厘米，壁厚近3厘米。本瓦當當面底徑達45.4厘米，壁厚3厘米，應是目前所知燕下都瓦當中最大的。

072

戰國　燕

卷雲饕餮紋半瓦當

當面底徑33厘米

河北易縣燕下都遺址出土。

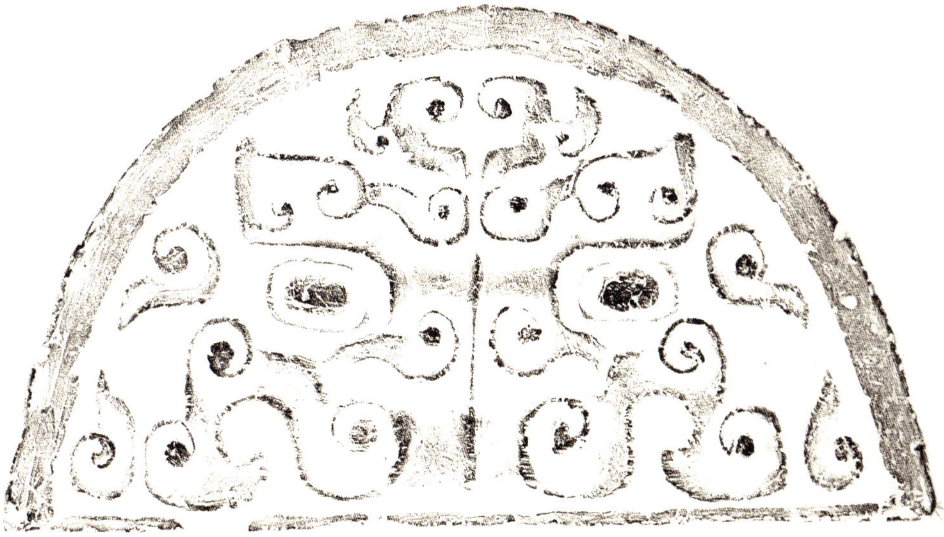

073

戰國　燕

卷雲饕餮紋半瓦當

當面底徑40厘米

河北易縣燕下都遺址出土。

074

戰國　燕

有「宫」字的雙龍饕餮紋半瓦當

當面底徑殘30厘米

河北易縣燕下都遺址出土。

075

戰國　燕

卷雲饕餮紋半瓦當

當面底徑16厘米

河北易縣燕下都遺址出土。

076

戰國　燕

雙龍饕餮紋半瓦當

當面底徑19厘米

河北易縣燕下都遺址出土。

077

戰國 燕

雙龍饕餮紋半瓦當

當面底徑16厘米

河北易縣燕下都遺址出土。

078

戰國　燕

雙龍背項饕餮紋半瓦當

當面底徑19厘米

河北易縣燕下都遺址出土。

079

戰國 燕

饕餮紋瓦當範

當面底徑26厘米

河北易縣燕下都遺址出土。

080

戰國　燕

獸紋瓦當範

當面底徑31厘米

河北易縣燕下都遺址出土。

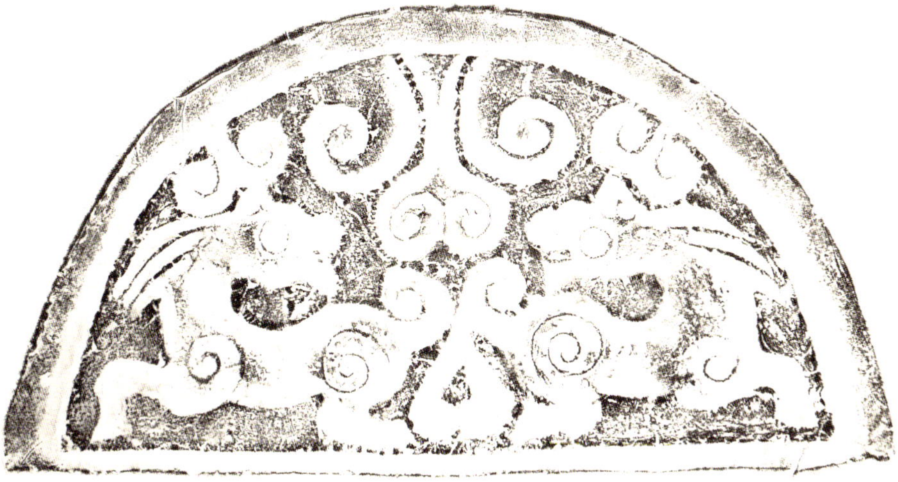

081

戰國 燕

雙龍背項饕餮紋瓦當範

當面底徑殘29厘米

河北易縣燕下都遺址出土。

此瓦當範背面有三印，文字不能辨，或謂是僞造之迹。予以爲僞造正應避迹，或另有因。姑存此待考。

082

戰國 燕

乳釘山珠花卉饕餮紋半瓦當

當面底徑殘19.5厘米

河北易縣燕下都遺址出土。

083

戰國

山形紋板瓦

高20厘米　寬16.5厘米

084

戰國　齊

雙獸紋半瓦當

當面底徑19厘米

山東臨淄出土。

085

戰國　齊

雙鹿雙虎紋半瓦當

當面底徑15.2厘米

山東臨淄出土。

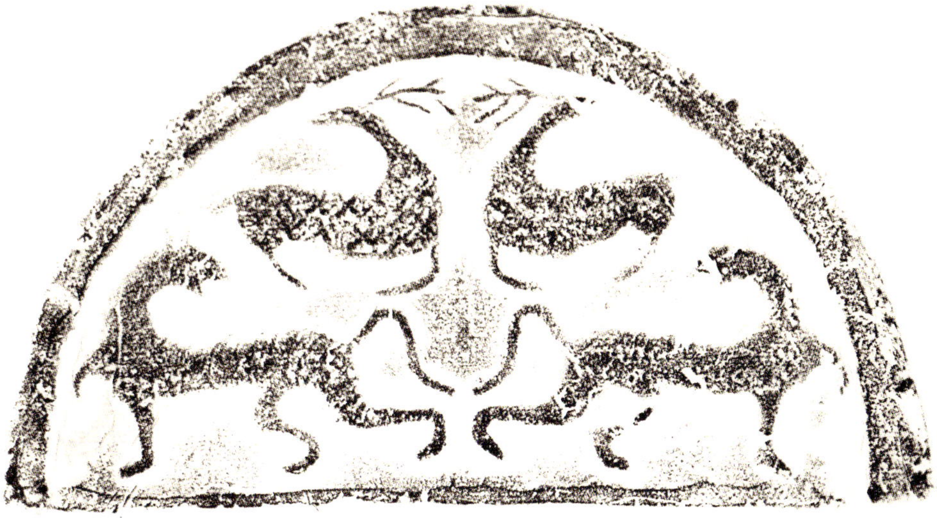

086

戰國　齊

雙鳥紋半瓦當

當面底徑14厘米

山東臨淄出土。

087

戰國 齊

鶴食魚紋半瓦當

當面底徑14厘米

山東臨淄出土。

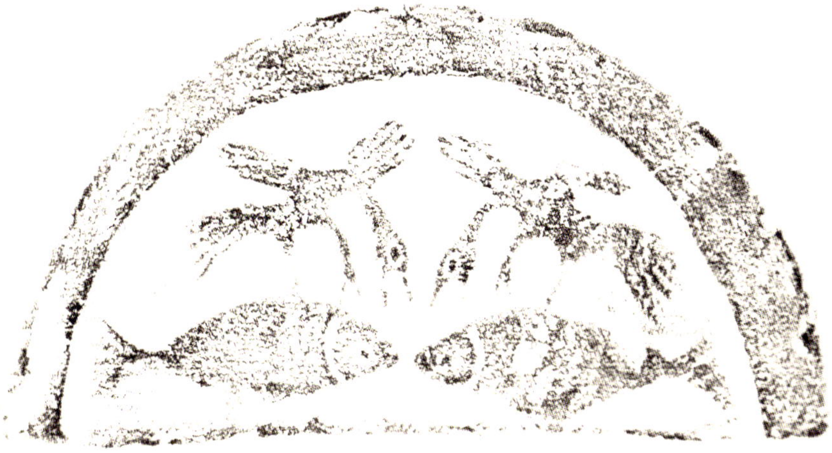

088

戰國　齊

雙鶴食魚紋半瓦當

當面底徑14.3厘米

山東臨淄出土。

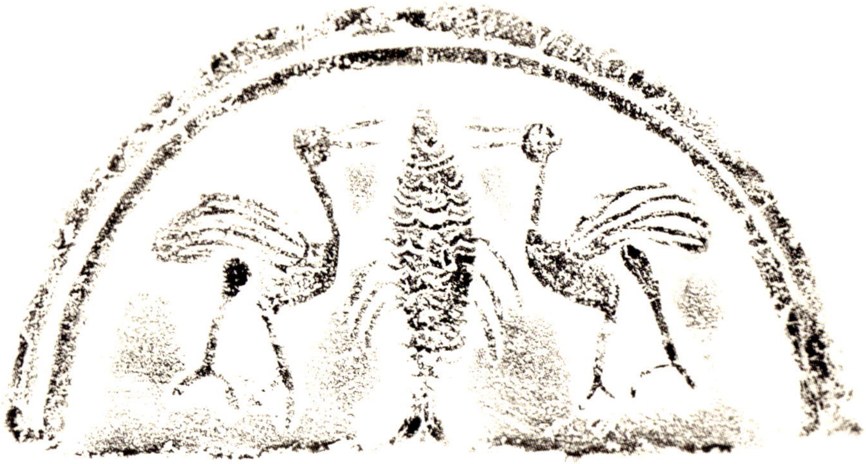

089

戰國　齊

瑞獸魚紋半瓦當

當面底徑14厘米

山東臨淄出土。

090

戰國　齊

四獸紋半瓦當

當面底徑14.5厘米

山東臨淄出土。

091

戰國　齊

雙獸樹木紋半瓦當

當面底徑30厘米

山東臨淄出土。

092

戰國　齊

雙獸樹木紋半瓦當

當面底徑14厘米

山東臨淄出土。

093

戰國 齊

雙羊樹木紋半瓦當

當面底徑14厘米

山東臨淄出土。

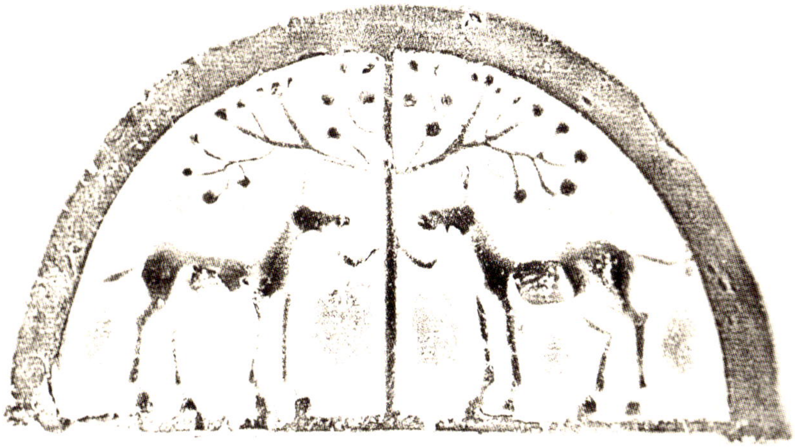

094

戰國　齊

雙獸紋半瓦當

當面底徑14厘米

山東臨淄出土。

095

戰國 齊

雙鹿樹木紋半瓦當

當面底徑14厘米

山東臨淄出土。

096

戰國　齊

雙鹿樹木紋半瓦當

當面底徑14厘米

山東臨淄出土。

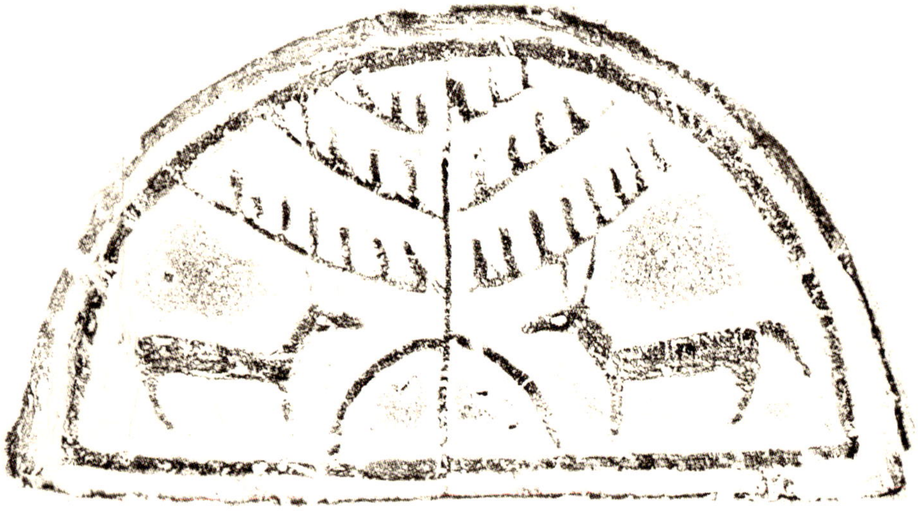

097

戰國 齊

樹木紋半瓦當

當面底徑15厘米

山東臨淄出土。

098

戰國　齊

樹木箭頭紋半瓦當

當面底徑14厘米

山東臨淄出土。

099

戰國　齊

樹木箭頭乳釘紋半瓦當

當面底徑14厘米

山東臨淄出土。

100

戰國　齊

樹木箭頭乳釘紋半瓦當

當面底徑14厘米

山東臨淄出土。

101

戰國　齊

樹木箭頭乳釘紋半瓦當

當面底徑14厘米

山東臨淄出土。

102

戰國

陶饕餮面

寬14厘米　高7厘米

安徽蕭縣出土。

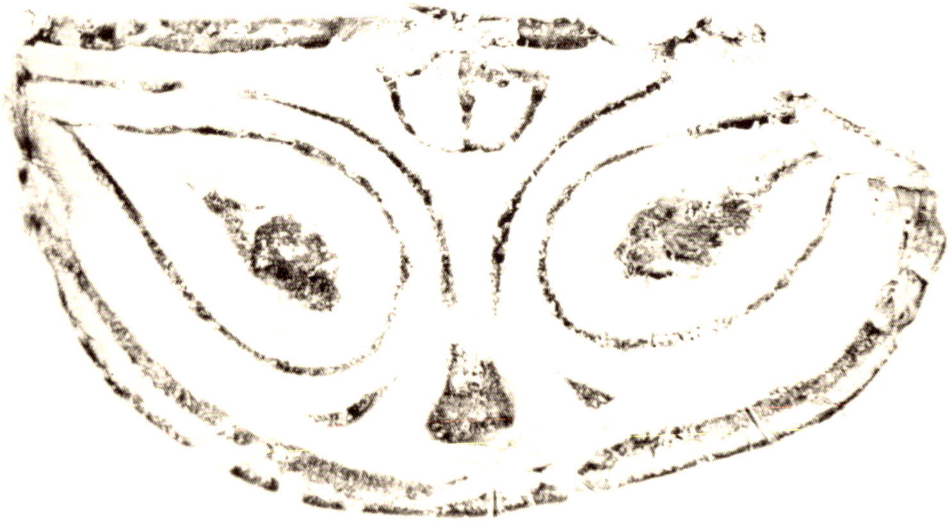

103

西漢

『漢并天下』瓦當

直徑17厘米

104

西漢

『上林』瓦當

直徑13厘米

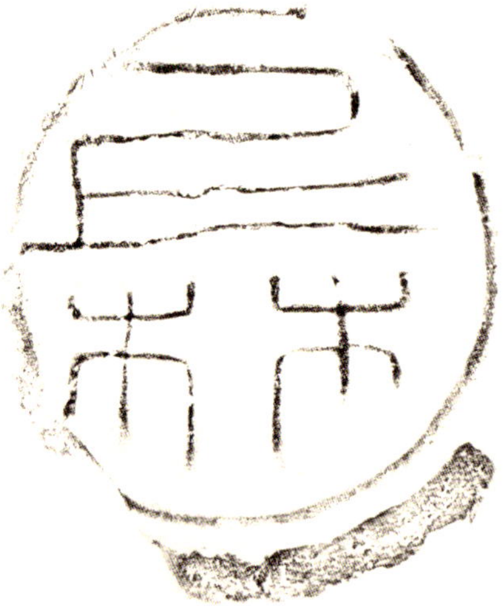

105

西漢

『上林』瓦當

直徑17厘米

106

西漢

『長生未央』瓦當

直徑19.5厘米

107

西漢

『長久樂哉冢』瓦當

直徑17.5厘米

108

西漢

『長生無極』瓦當

直徑17.5厘米

109

西漢

『長生未央』瓦當

直徑19.5厘米

110

西漢

『與天無極』瓦當

直徑17.5厘米

111

西漢

『長樂未央』瓦當

直徑23厘米

112

西漢

四神瓦當——朱雀

直徑21厘米

113

四鹿紋瓦當

直徑17.4厘米

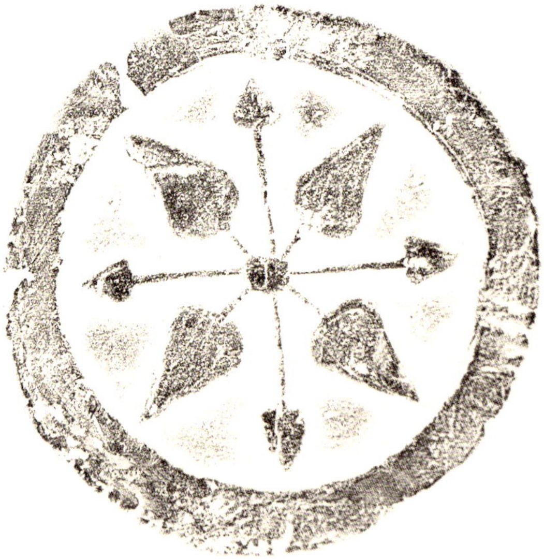

114

漢

蓮花紋瓦當

直徑18厘米

黑龍江出土。

蓮多籽，取子孫昌盛之意。

115

北朝

蓮紋瓦當

直徑15厘米

116

北魏

獸面紋瓦當

直徑17.5厘米

山西大同北魏明堂遺址出土。

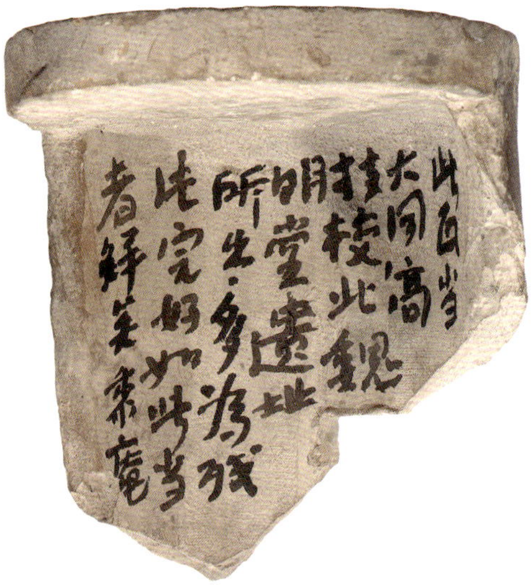

117

北魏

『富貴萬歲』瓦當

直徑16厘米

山西大同永固陵出土。

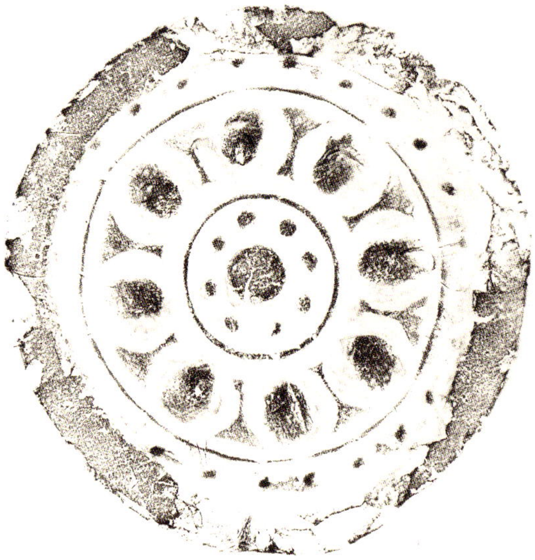

118

唐

蓮花紋瓦當

直徑15厘米

江蘇揚州出土。

119

唐

蓮花紋瓦當

直徑14厘米

120

唐

蓮花紋瓦當

直徑14厘米

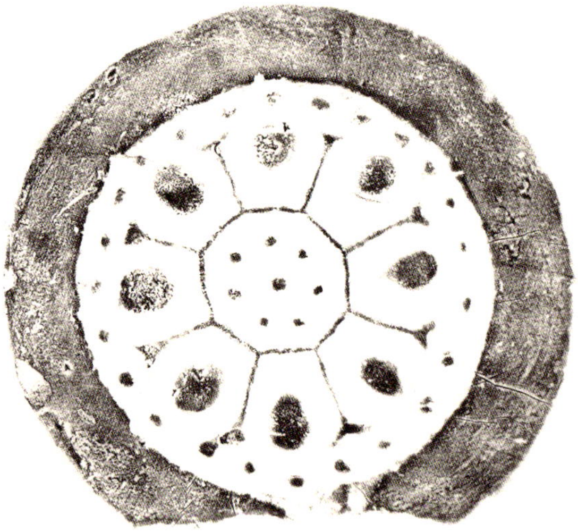

121

西漢

梁園殘瓦

長21厘米　寬14厘米

一九八九年九月於河南永城梁園遺址采集。

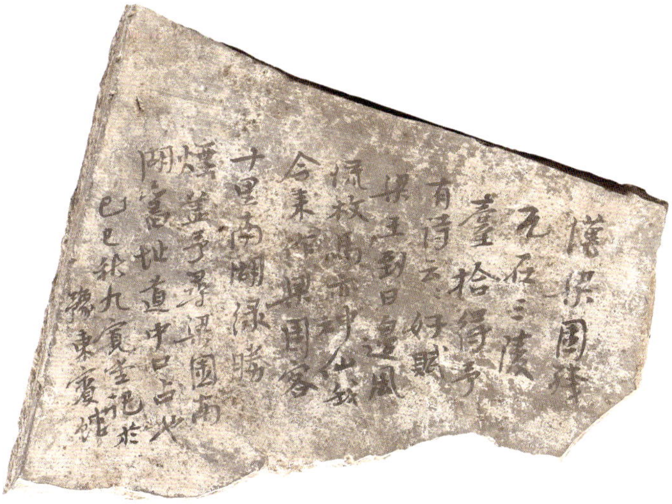

122

西漢

梁孝王劉武墓殘甓

長31厘米　寬24厘米

一九八九年九月采自河南永城梁孝王劉武墓遺址。

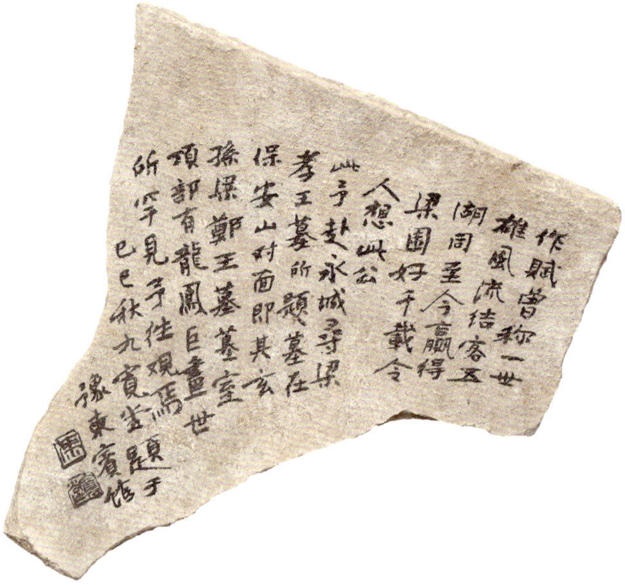

123

西漢

楚襄王劉注墓殘甓

長20厘米　寬19厘米

一九八九年十月在徐州小龜山楚襄王劉注墓采集。

漢魏晋南北朝磚

124

西漢

回文磚

長35.5厘米　寬35.5厘米　厚4.5厘米

125

西漢

回文磚（殘）

長35厘米　厚4.5厘米

一九九〇年十月陝西西安漢未央宫漢遺址前長安城墻殘基采集。

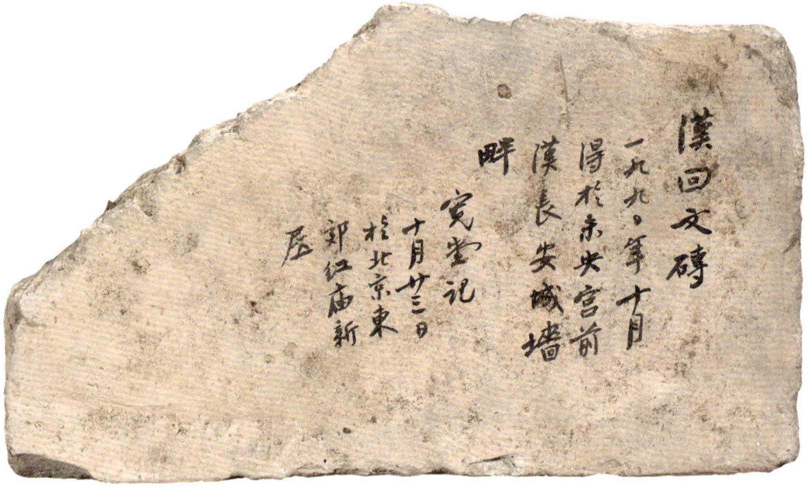
漢回文磚
一九九〇年十月
得於未央宫前
漢長安城墻
畔
宽堂記
十月廿三日
於北京東
郊紅廟新
居

126

西漢

『壽萬歲』磚

長36厘米　寬13厘米　厚5厘米

磚帶榫卯，一側銘『壽萬歲』陽文篆書三字，反書，結體修長。

127

東漢

吉語磚——長壽安樂、富昌

長40厘米　寬20厘米　厚7厘米

浙江安吉出土。

磚的上款『長壽安樂』，側文『富昌』，陽文篆書，字體深鎸，古樸渾厚。磚的主體兩面都有紋飾，精美考究。

128

東漢

祥瑞圖畫像磚——應龍、勝枚、鳳凰、鹿紋

長34厘米　寬18厘米　厚5.5厘米

安徽蕭縣出土。

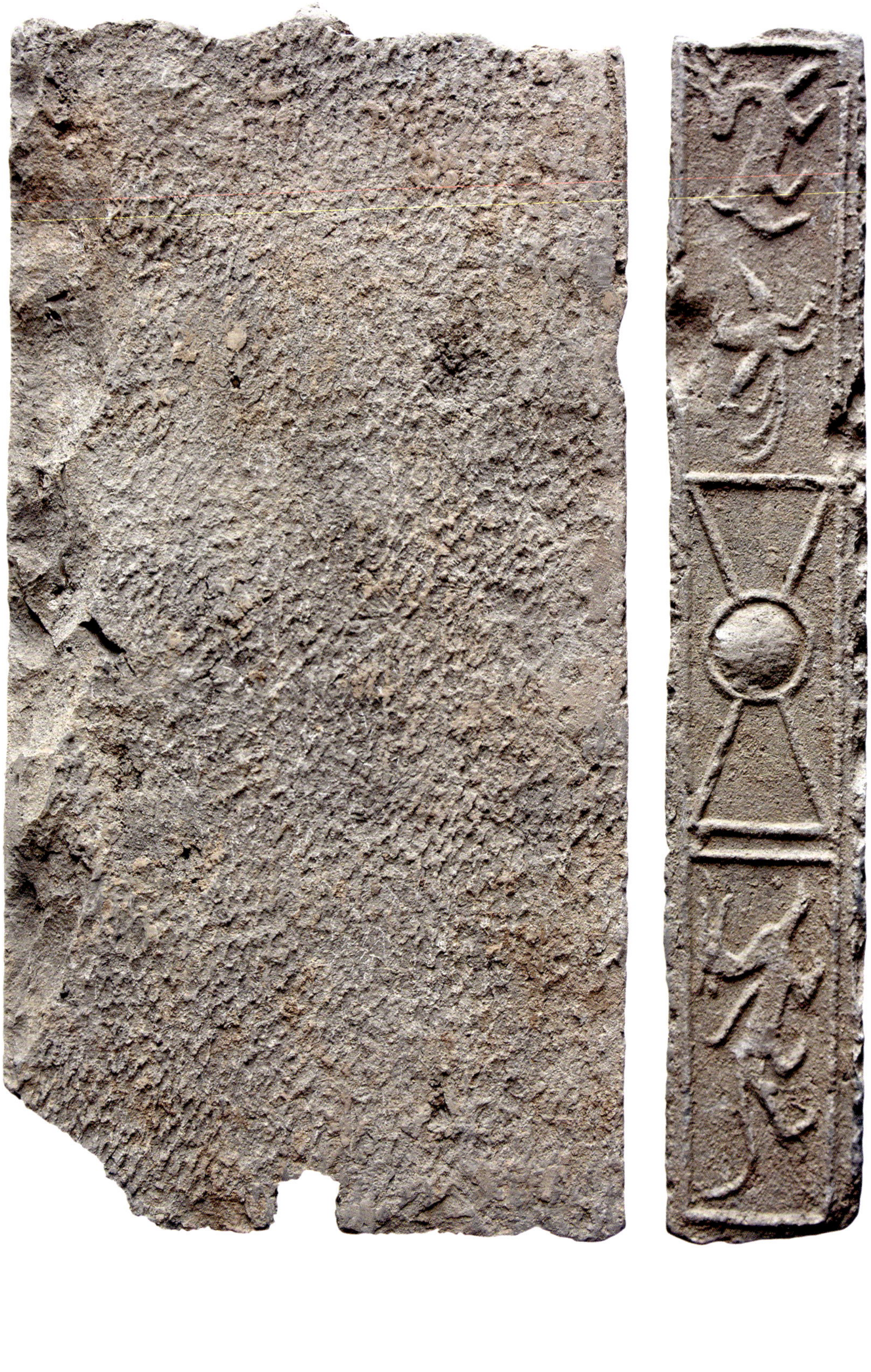

129

東漢

莊園圖磚

長48.3厘米　寬20厘米　厚7.6厘米

以陽綫刻有房屋、雙闕、樹木、飛鳥。

130

東漢

『萬歲建初元年』磚

長35厘米 寬14.4厘米 厚6.2厘米

重慶巫山縣出土。

磚的一側横向單行曰『萬歲建初元年造』。『建初』是東漢章帝劉炟的第一個年號。從公元七六年至公元八四年八月，共計九年。建初元年爲公元七六年。

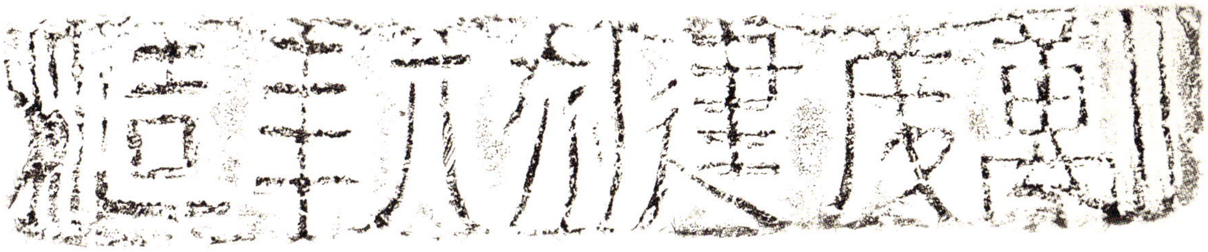

131

東漢

『閔故人先葬無世末吉』磚

長35厘米　寬14.4厘米　厚6.2厘米

重慶巫山縣出土。

磚的一側横向單行曰『閔故人先葬無世末吉』。閔：古同『憫』，憐恤、哀傷。另指吊唁。

132

東漢

『永元六年』磚

長33.5厘米　寬16厘米　厚4.5厘米

浙江安吉出土。

磚的一側縱向單行曰『永元六年』，『永元』和『六年』在上下端，中間飾有雙銅錢紋和菱形紋。永元年號在歷史上有三個：一爲東漢皇帝和帝劉肇的第一個年號，從公元八十九年末至一〇五年三月，漢朝使用這個年號時間共計十七年；二是十六國時期前涼太宗成王張茂的年號，公元三二〇年六月至三二四年四月期間使用，共計四年；三是南朝齊東昏侯蕭寶卷的年號，公元四九九年正月至五〇一年三月，共二年餘。『永元』是漢和帝劉肇的年號，六年爲公元九十四年。

133

東漢

『永元八年』磚

長34厘米　寬16厘米　厚4.5厘米

浙江安吉出土。

磚的一側縱向單行曰『永元八年』，『永元』和『八年』在上下端，中間飾有雙銅錢紋和菱形紋。

134

東漢

『永初四年校官』磚

長34厘米　寬15厘米　厚6厘米

重慶巫山縣出土。

磚銘範製於窄側面，縱向兩行，曰『校官師作干/萬世永初四年（年字略殘）』，隸書，反文，上下飾幾何紋。銘文無界格。

135

東漢

『永初五年』磚

長35厘米　寬11厘米　厚6厘米

重慶巫山縣出土。

磚的一側縱向兩行曰『永初五年九月造作郭/延年益壽利後子孫吉』，陽文反字。永初年號在歷史上有兩個：一爲東漢安帝劉祜的第一個年號，從公元一〇七年至一一四年二月二十二日，漢朝使用這個年號時間共計七年；二是南朝宋武帝劉裕的年號，從公元四二〇年六月至四二二年，共計三年，是南朝宋的第一個年號。『永初』應是漢安帝劉祜的年號，『五年』也就是公元一一一年。

136

東漢

『元初五年』磚

長36.5厘米　寬19.5厘米　厚6.5厘米

重慶巫山縣出土。

磚的上款『元初五年造後子孫富貴壽』，側文『元初五年造』。元初是東漢安帝劉祜的第二個年號，漢朝使用這個年號時間共計七年。從公元一一四年正月初二改元，到元初七年四月十一日改元永寧。『元初五年』爲公元一一八年。

137

東漢

『南郡太守賊曹掾』磚

長36.5厘米 寬19.5厘米 厚6.5厘米

重慶巫山縣出土。

磚的一側縱向單行曰『南郡太守賊曹掾僂三老郭』十一字，此磚以及前一塊『元初五年』磚二十世紀發現于四川巫山。賊曹：漢、魏、兩晉、南朝郡縣均置，主盜賊事。賊曹掾爲賊曹的主吏。掾下有史，史又分爲中、左、右賊曹史者。三老：漢代的非吏而得與吏比的官方認定的地方社會領袖。〔一〕從銘文我們可以知道這个南郡太守手下的『公安局長』，是巫山人，死後葬在巫山。

【注釋】

〔一〕牟發松：《漢代三老：『非吏而得與吏比』的地方社會領袖》，《文史哲》二〇〇六年第六期。

138

東漢

『元初五年』磚

長34.3厘米　寬13厘米　厚4厘米

重慶巫山縣出土。

磚的一側縱向單行曰『元初五年七月廿日鄧孟桓（桓字略殘）』。

139

東漢

『蕭既尹』磚

長34.3厘米 寬13厘米 厚6.6厘米

安徽蕭縣出土。

『尹』字反。

140

東漢

雜技畫像磚

長36.8厘米　寬17.2厘米　厚5.5厘米

江蘇徐州出土。

141

東漢

龍紋磚

長31.3厘米　寬14.5厘米　厚5厘米

安徽蕭縣出土。

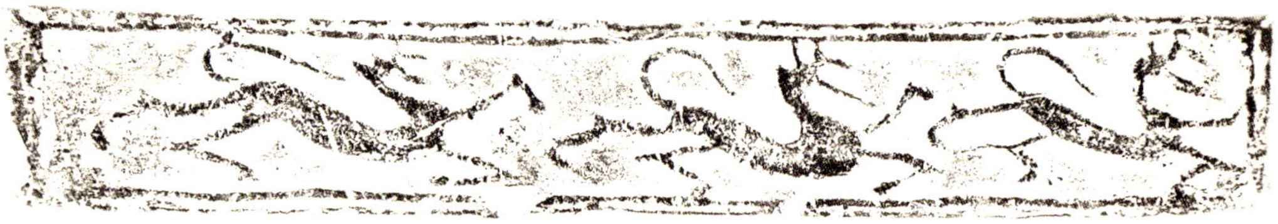

142

東漢

『西何□雲陽公』磚

長33厘米　寬16厘米　厚4厘米

143

東漢

『大吉』磚

長34厘米　寬16.5厘米　厚6厘米

磚銘『大吉』，上下飾雙輪及十字方折紋。

144

東漢

壽字磚

長28.5厘米　寬16厘米　厚10厘米

重慶三峽出土。

空心磚，銘文『壽』，旁飾菱形紋。

145

東晉

『咸和六年』楔形磚

長31.8厘米　寬14.4厘米　厚4.5厘米

磚的一側縱向單行曰『咸和六年□□朔日造作壁』。咸和，是東晉成帝司馬衍的第一個年號，從公元三二六年二月至三三四年，共計九年。咸和六年爲公元三三一年。

146

東晋

『咸和八年』磚

長32厘米　寬14厘米　厚4.5厘米

磚銘『咸和八年八月□日己丑朔□作壁』，咸和八年爲公元三三三年。

147

東晉

『永和五年』磚

長30.5厘米　寬15厘米　厚5厘米

浙江紹興出土。

磚的一側縱向單行曰『永禾五年八月十日作』，隸書，反文。禾：通『和』。銘文上下端飾『×』形紋，文字中間飾有銅錢紋。永和年號在歷史上有五個：一爲東漢順帝劉保的第三個年號，從公元一三六年至一四一年，漢朝使用這個年號時間共計六年；二是東晉穆帝司馬聃的第一個年號，從公元三四五年至三五六年，共計十二年；另外三個是十六國時期後秦末主姚泓、北凉末主沮渠牧犍的年號，及十國閩王王審知的年號。從時間、地域及書法特徵來看，這個永和應是東晉穆帝司馬聃的年號，永和五年爲公元三四九年。再過四年爲永和九年，即王羲之作《蘭亭序》的時間。

東晉

148

『升平二年』磚

長38厘米　寬18厘米　厚6厘米

磚的一側縱向單行曰『升平二年五月十日作壁』。升平是東晉穆帝司馬聃的第二個年號，從公元三五七年至三六一年，共計五年。升平二年爲公元三五八年。

149

東晉

『太元十三年』磚

長35.5厘米 寬17.5厘米 厚5厘米

磚的一側縱向單行曰『晉泰元十三年歲在戊子七月作』。泰：通『太』。太元是東晉孝武帝司馬曜的第二個年號，從公元三七六年至三九六年，共計二十一年。太元十三年爲公元三八八年。也是田園派詩人陶淵明生活的年代，太元十三年淵明二十歲，尚未出仕，當在栗里。陶淵明《桃花源記》開頭就是『晉太元中』。

150

南朝　宋

『元嘉十六年』磚

長34.5厘米　寬16.5厘米　厚7厘米

重慶巫山縣出土。

磚的一側縱向單行曰『元嘉十六年□□□□□』，元嘉年號在歷史上有三個：一爲東漢桓帝劉志的第三個年號。從公元一五一年至一五三年五月，漢朝使用這個年號時間共計三年。元嘉三年五月改元永興元年；二是南朝宋文帝劉義隆的年號，從公元四二四年至四五三年，共計二十九年餘。此爲劉義隆的年號，元嘉十六年爲公元四三九年。

151

北魏

『瑯琊王』磚

長33.5厘米 寬15厘米 厚7厘米

山西大同出土。

磚銘爲『瑯琊王司馬金龍墓壽塼』。塼：同『磚』。司馬金龍是降附于北魏的西晉皇族，深受寵信，官爵爲『使持節侍中鎮西大將軍吏部尚書羽真司空冀州刺史瑯琊康王』。據《魏書》記載：司馬金龍是晉宣帝司馬懿之弟東武城侯司馬馗的九世孫。其父司馬楚之於泰常四年（公元四一九年）歸附北魏，封爲瑯琊王，司馬金龍乃司馬楚之與北魏皇族諸王女河内公主所生。司馬金龍墓坐落在大同城東南7.5公里處的石家寨村西南。爲北魏早期墓葬，墓主人爲司馬金龍及其妻欽文姬辰。姬辰死於延興四年(公元四七四年)；司馬金龍死于太和八年(公元四八四年)。該墓雖早期曾被盜，但仍出土大批釉陶俑、生活用具、木板漆畫以及石雕棺床、柱座和墓誌銘，其中許多是罕見的藝術珍品，反映了北魏的社會生活，具有極高的歷史和藝術價值。如駄糧馬俑、人面鎮墓獸、木板漆畫，彩畫漆屏風大多已經朽散，從保存較好的兩段看，繪畫藝術和油漆工藝都有很高的水平。在相當大的畫面上以富麗的色彩描繪了真實生動的多種圖畫，它的發現是美術史上的一件大事，漆畫上有大片題刻題榜文字，字體秀麗遒健，用筆和結體已近楷法，是晉隸向唐楷過渡的典型。

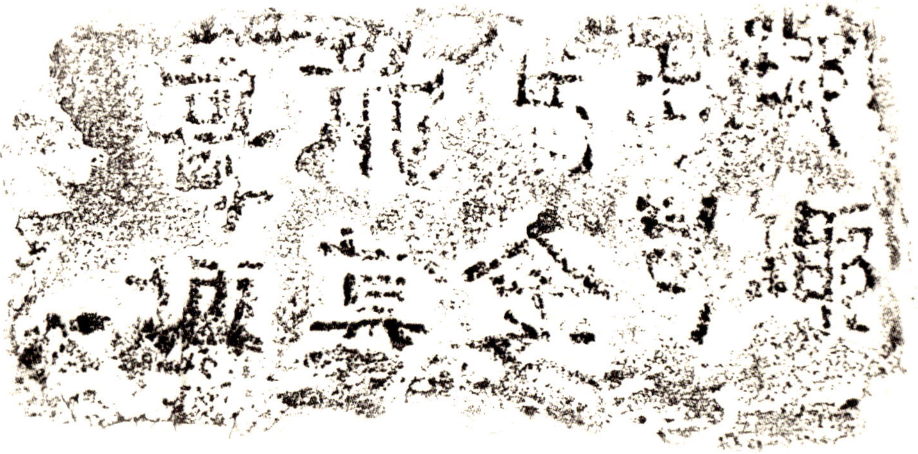

152

北齊

仕女磚

長35厘米　寬17厘米　厚5厘米

安徽蕭縣出土

磚的釘頭有一淺浮雕仕女，頭綰雙髻，面容秀麗，身材修長，衣裙緊貼，姿態優美飄逸。

153

北魏

『楊氏世世吉昌』磚

長33厘米 寬17.5厘米 厚7厘米

山西大同出土。

154

西夏

西夏王陵磚

長40厘米　寬21.5厘米　厚6厘米

寧夏銀川西夏王陵出土。

西夏是十一世紀初以黨項羌族爲主體建立的封建王朝。自一〇三八年李元昊在興慶府（今銀川市）稱帝建國，於一二二七年被蒙古所滅，在歷史上存在了一百八十九年，經歷十代皇帝。前期與北宋、遼三分秋色，中後期與南宋、金鼎足而立。

西夏王陵又稱西夏陵、西夏帝陵，坐落在銀川市西郊賀蘭山東麓，是西夏歷代帝王陵墓所在地。是中國現存規模最大、地面遺址最完整的帝王陵園之一。被世人譽爲『東方金字塔』。

155

西夏

西夏王陵手印磚（殘）

長18厘米　寬17厘米　厚5.7厘米

寧夏銀川西夏王陵出土。

漢彩繪陶器

漢唐陶俑及其他

156

秦漢

繭形壺

高29厘米　腹徑28厘米

秦漢時期的黑陶繭形壺民間亦稱鴨蛋壺，是一種古代日常使用的實用陶器。壺形爲唇口、短頸、圈足；腹呈橫向長橢圓狀，既似蠶繭，又若鴨蛋，故名。初爲戰國時期秦國所產，是秦代最具代表性的陶器，器身光素，橢圓形的壺腹縱向刻畫弦紋，爲輪制陶器；據説還有體形更大的繭式壺，則是采用泥條盤築法製成的。繭式壺秦之後盛行於西漢，壺腹多彩繪流雲、幾何圖案，也有光素者，僅以暗刻弦紋裝飾。據考古所知，繭形壺在當時既爲容器，又可在戰爭中埋入地下，用以傾聽遠方敵軍騎兵馬蹄聲。

157

西漢

彩繪雲紋陶鼎

高17.5厘米 寬26厘米 口徑21厘米

安徽蕭縣出土。

158

西漢

彩繪陶鈁（對）

高32厘米

陶鈁以紅、白色彩繪出鋸齒紋、雲氣紋。器身侈口、方唇、束頸、鼓腹，方形高圈足，覆斗形蓋。鈁即方形壺，是盛酒漿或糧食的容器，方口大腹。陶鈁是仿青銅的禮器，漢初比較流行。

159

西漢

灰陶三足穀倉

高27.5厘米　寬23厘米

160

西漢

原始青瓷鳥紋瓿

高30厘米　寬35厘米

161

東漢

緑釉印花三足穀倉

高30厘米　寬35厘米

162

東漢

綠釉粉盒

高9.5厘米　直徑18厘米

163

東漢

雙耳罐

高19厘米　腹徑16厘米

164

東漢

四繫罐

高23厘米　腹徑25厘米

165

東漢

灰陶駱駝

高14厘米 長24厘米

166

東漢

陶盆

高7厘米　口徑47厘米

山東出土。

内底刻有『信与當郎爷』。『与』『爷』兩字與今簡體字字形一致，左一字不識。此係一九九八年上半年在山東章丘與鄒平交界處（濟南城子崖遺址北十五公里）發現的漢墓中出土。同時出土有大灰葫蘆罐、漢玉、彩繪陶器等。

167

西漢

仕女陶俑

高43厘米

山東出土。

168

東漢

女俑

高59厘米

重慶巫山縣出土。

女俑全身赤裸，眼睛大而鼓，頭頂挽着小髮髻，雙手扶在腹部，跪坐在地上。

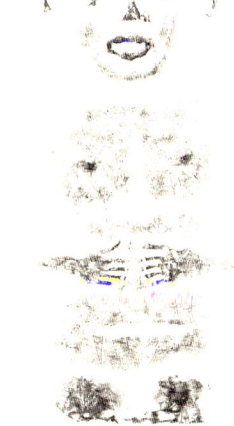

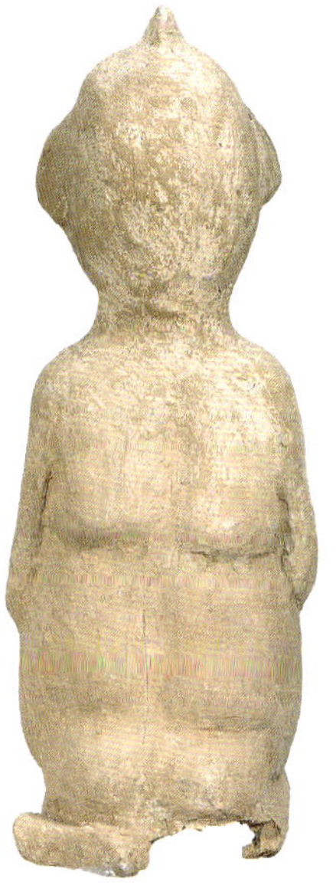

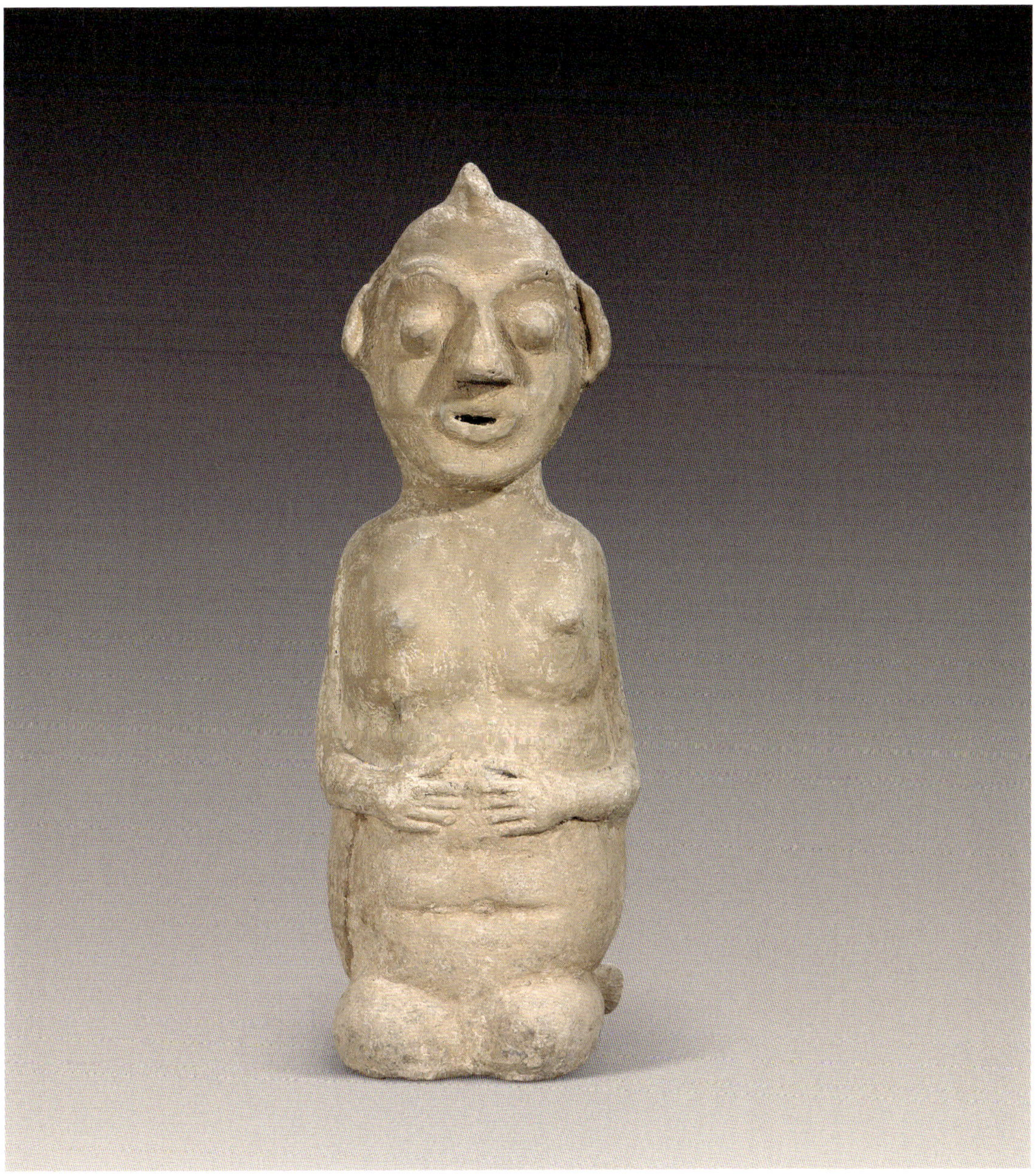

169

六朝

騎馬俑

高25厘米　寬19厘米

170

六朝

騎馬俑

高25厘米　寬19厘米

171

六朝

牽馬俑

高27厘米

騎馬俑

高33.5厘米　寬28厘米

172

唐

彩繪陶馬

高27厘米　寬17厘米

173

唐

仕女俑

高33厘米

174

唐

仕女俑

高33厘米

175

唐

四足陶箕硯

長17厘米　高3厘米　寬16.5厘米

硯形後窄前寬，墨堂後低前翹，箕形硯是唐硯的基本形式。